Patricia Kirsch

Köln ohne Geld

Patricia Kirsch

Köln ohne Geld

101 großartige Dinge, die Du in Köln kostenlos erleben kannst

CIRCUS MAXIMUS

Bibliografische Information der Deutschen Nationalbibliothek
Die Deutsche Nationalbibliothek verzeichnet diese Publikation in der Deutschen Nationalbibliografie. Detailliete bibliografische Daten sind im Internet über http://dnb.d-nb.de abrufbar.

Für Fragen und Anregungen:
info@riva-verlag.de

1. Auflage 2018

Nymphenburger Straße 86
D-80636 München
Tel.: 089 651285-0
Fax: 089 652096

Umschlaggestaltung: Pamela Machleidt
Umschlagabbildung: pixabay
Layout: Pamela Machleidt
Satz: inpunkt[w]o, Haiger (www.inpunktwo.de)
Druck: Florjancic Tisk d.o.o., Slowenien
Printed in the EU

ISBN Print 978-3-7423-0605-0
ISBN E-Book (PDF) 978-3-74530-351-3
ISBN E-Book (EPUB, Mobi) 978-3-74530-352-0

Inhalt

Land & Leute

Besondere Orte

Freizeit

Kultur

Sport

Familie

Abenteuer

Köln ohne Geld erleben

Eine wechselvolle Geschichte und das legendäre Gemüt der Rheinländer haben überall in Köln Spuren hinterlassen. Wer durch die Stadt spaziert, entdeckt römische Festungen, preußische Denkmäler, imposante Industrie- und Gründerzeitbauten, aber auch richtungsweisende moderne Architektur. Längst sind etwa die markanten Kranhäuser am Rheinufer zu einem ebensolchen Wahrzeichen der Stadt geworden wie der allgegenwärtige Dom. Und zwischen all diesen besonderen Orten tobt ein vielseitiges Kulturleben, das zum Glück nicht immer auf Kommerz ausgelegt ist. Da gibt es zum Beispiel die kostenlosen Montagskonzerte im scheuen Reh, den Philharmonie-Brunch, Filmabende in der Kulturkirche Ost, Improvisationstheater oder auch Comedy-Events, die keinen Eintritt kosten. Wer in Köln Spaß und Unterhaltung sucht, muss dafür nicht immer Geld ausgeben.

Hat man schließlich genug vom urbanen Trubel, gilt es wunderschöne Parks und Badeseen, die Köln-Riviera oder die Einsamkeit der Dellbrücker Heide zu entdecken. In 101 kostenlosen Erlebnisse führt dieser Reiseführer dich durch das Kölner Stadtleben in all seinen Facetten. Entdecke Orte, die Geschichte schrieben, erlebe Kunst- und Kulturhighlights, genieße entspannte Naturerlebnisse und urbane Abenteuer. Auf geht's!

Über die Autorin: Patricia Kirsch ist Kölnerin durch und durch. Das Herz der freiberuflichen Texterin schlägt seit 50 Jahren im Rhythmus dieser Stadt. Immer wieder zieht es sie in die unterschiedlichen Stadtviertel, um die Geschichte, die Kultur, das pulsierende Leben und die Lebensfreude zu spüren. Köln ist für sie Lebensgefühl, Liebe und Leidenschaft.

Köln
im Steckbrief

Einwohnerzahl: 1,08 Millionen

Einwohner je km^2: 2657

Auch bekannt als:
Karnevalshochburg, Rheinmetropole, Kölle, Domstadt, Herzensangelegenheit

Typisch Köln? Wichtige Assoziationen und Vorurteile:
Karneval, Kölsch, Jeck, Dom, Belgisches Viertel, Bützen, Jeföhl, Fort, Lukas Podolski, Kölner Lichter, Hohenzollernbrücke, Südstadt, Veedel, Konrad Adenauer, Gaffel, FC, Vater Rhein, Kostüme, Party, Gay, Rheinschiffe, Höhner, »Kölle, alaaf«, Flönz, Kölscher Klüngel

Köln als Playlist:
1. »Viva Colonia« – Höhner (Die Hymne der Stadt)
2. »Mer lasse d'r Dom in Kölle« – Bläck Fööss (Die Ode an die Kölsche Lebensart)
3. »Pirate« – Kasalla (Das neue, junge Köln)

1. Entdecke die sagenumwobene »Weckschnapp«.

Die Weckschnapp, ein Turm am Konrad-Adenauer-Ufer, stammt aus dem Mittelalter und ist heute in ein Wohnhaus integriert. Immer wieder taucht dieser Turm in Sagen und Legenden rund um Köln auf. So sollen hier Gefangene, die durch heimliche Gerichte verurteilt wurden, eingesperrt gewesen sein. Sie bekamen weder Essen, noch Trinken und waren einem qualvollen Tod ausgeliefert. Um diesem Tod zu entgehen, konnte der Gefangene nach einem von der Decke herabhängenden Laib Brot springen. Sprang der verzweifelte Gefangene,

Die Weckschnapp vereint Alt und Neu

öffnete sich jedoch im Boden des Turms eine Falltür. Das darunter befindliche Loch war mit scharfen Klingen versehen und führte direkt in den Rhein. Die eigentliche »Weckschnapp«, wie dieser Turm im Volksmund genannt wurde, wurde bei einem Hochwasser völlig zerstört. Um die Gruselgeschichten weiter erzählen zu können, wurde kurzerhand der nahegelegene Kunibertsturm künftig als »Weckschnapp« bezeichnet. Ein Besuch lohnt sich, denn der alte Turm ist mit einem modernen Anbau versehen, der einem Architektenpaar als Wohnhaus dient.

Standort: Konrad-Adenauer-Ufer 69 • **Öffnungszeiten:** tgl. 24 Stunden (nur von außen) • **Wie kommt man hin?** Linie 16/18 bis Ebertplatz

BESONDERE ORTE

2. Spaziere durch die Palmenallee in der Flora.

Die Flora und der Botanische Garten liegen direkt neben dem Kölner Zoo und sind ein wundervoller Ort zum Entspannen, Erholen und Spazierengehen. Auf den schön angelegten Wegen flaniert man vorbei an über 10.000, teilweise exotischen Pflanzen und kann auf der ersten Palmenallee Deutschlands das mediterrane Flair genießen. Besonders faszinierend sind die Rosengärten, ein kleiner Teich mit Seerosen und die Gewächshäuser, die miteinander verbunden sind. Dort gibt es eine Vielzahl an Kakteen zu bestaunen oder einen subtropischen Bereich, indem man sich fühlt wie in einem Regenwald. Der Park mitten im Großstadtgewirr ist ein wahres Paradies. Besonders idyllisch ist der kleine Wasserfall, der in einen angrenzenden See plätschert. Blumenwie-

Unwirklich schön: die Palmenallee

sen, einheimische und asiatische Gewächse findet man direkt neben einem amerikanischen Mammutbaum. In dieser besonderen Atmosphäre fühlen sich Vögel und Eichhörnchen sehr wohl. Neben Entspannung ist Bildung ein wichtiges Thema in der Flora. Daher gibt es an fast jedem Wochenende Führungen, Vorträge und Ausstellungen, die man ebenfalls kostenfrei besuchen kann.

Standort: Am Botanischen Garten 1a • **Öffnungszeiten:** Garten: tgl. von 8 Uhr bis Eintritt der Dämmerung (im Sommer maximal bis 21 Uhr) • **Wie kommt man hin?** Linie 18 bis Zoo/Flora

FREIZEIT

3. Erlebe eine quirlige Sommernacht am Aachener Weiher.

Der Aachener Weiher liegt an der Aachener- und Universitätsstraße im inneren Grüngürtel und gehört zu den spannendsten Treffpunkten in Köln für junge Leute und Junggebliebene, die eine quirlige Sommernacht oder einen erlebnisreichen Tag erleben möchten. Mit Picknickdecke, kühlen Getränken und Musik ausgestattet, kann man sich auf der Wiese am See niederlassen und das bunte Treiben beobachten. Ohne Picknickutensilien kann man für die Verpflegung den Biergarten am Aachener Weiher nutzen, den es so kein zweites Mal in Köln gibt. Ein absolutes Highlight sind die hübschen Schaukeln, die zum Biergarten gehören. Dort gibt es auch Liegestühle, von denen aus sich das quirlige Treiben beobachten lässt. Für alle Sportfans werden zudem spannende Events auf Großbildschirmen übertragen.

Standort: Richard-Wagner-Str. 51 • **Öffnungszeiten:** tgl. 24 Stunden • **Wie kommt man hin?** Linie 1/7 bis Universitätsstraße

KULTUR

4. Erlebe urbane Kultur auf dem Helios-Gelände.

Das Helios-Gelände in Ehrenfeld ist ein altes Fabrikgelände und gilt heute als sogenanntes Designquartier. Früher beherbergten die Gebäude die Helios AG. Mar-

Urbane Vielfalt auf dem Helios-Gelände

kenzeichen des Areals ist ein 44 Meter hoher Leuchtturm, der heute immer noch dort steht. Nach einigen Jahren Leerstand entwickelte sich an diesem Standort eine ganz besondere Kultur, die sich in den Mietern der Räumlichkeiten widerspiegelte. Das alte Fabrikgelände entwickelte sich zum Quartier, in dem durch Kunst, Kultur und Musik eine besondere urbane Lebensart entsteht. Immer wieder gibt es hier unterschiedliche Veranstaltungen wie Street Food Festivals, Flohmärkte oder Kunstausstellungen. Auch wenn keine Veranstaltungen auf dem Gelände stattfinden, lohnt sich ein Besuch, um die besondere Industrie-Architektur zu bestaunen. Abseits, auf der Venloer Straße herrscht zudem ein multikulturelles Treiben, das dem Stadtteil Ehrenfeld ein besonderes Flair verleiht. Direkt an der Ecke Venloer Straße/Innere Kanalstraße befindet sich außerdem mit

Künstlerateliers unter dem alten Leuchtturm

der neuen Moschee ein monumentales Bauwerk, das in Köln für viel Aufsehen sorgt.

Standort: Helios Str. 35 • **Infos zu den Veranstaltungen:** www.termine.koeln.de/koeln • **Wie kommt man hin?** Linie 3/4/13 bis Venloer Straße Gürtel

5. Tanze auf der Cologne Music Week.

FREIZEIT

Die Cologne Music Week ist eine Parallelveranstaltung zu den Passagen sowie der Interior Design Week und findet jedes Jahr zur gleichen Zeit statt. Geboten wird ein bunt gemischtes und abwechslungsreiches Musikprogramm. Auf unterschiedlichen Bühnen stehen vielversprechende Newcomer oder DJs mit einzigartigen Musikmixen. Für das einzigartige Programm werden

Musik satt auf der Cologne Music Week

immer wieder besondere Orte gewählt. So trifft man auf Musiker und DJs in angesagten Location wie dem Club Bahnhof Ehrenfeld, im Heinz Gaul, im Gewölbe, im Stadtgarten oder im Zum Scheuen Reh. Jeden Abend stehen andere Acts auf den Bühnen oder lassen die Plattenteller rotieren und vertreiben mit guter Laune sowie tollen Beats den Winterblues. An sieben Tagen gibt es eine ganze Reihe musikalische Festival-Highlights. Insgesamt finden sich über 50 Acts in Köln ein, um es so richtig krachen zu lassen. Zur großen Freude der Besucher ist der Eintritt zu fast allen Konzerten frei.

Standort: unterschiedliche Locations meist in Ehrenfeld • **Info:** www.colognemusicweek.de • **Wie kommt man hin?** Linie 3/4/13 bis Ehrenfeld/Gürtel, S12 bis Ehrenfeld

LAND & LEUTE

6. Sei beim Training des 1. FC Köln dabei.

Eine Stadt, ein Verein: Ein wahrer Kölner, ganz gleich ob Zugezogener oder waschecht, liebt nicht nur seine Stadt, sondern genauso den 1. FC Köln. Am Stadtrandgebiet, in Müngersdorf befindet sich das Rhein-Energie-Stadion, wo bei Niederlagen so manche Träne geflossen und auch so mancher Sieg gefeiert wurde. Wenn der FC spielt, ist Rudel-Gucken der Fans in einer Sportsbar oder vor dem TV zuhause angesagt. Ein wahrer FC-Fan hat natürlich eine Jahreskarte und ist live im Stadion dabei, um seine Mannschaft anzufeuern und die Liebe zum Verein zu zeigen! Geißbock Hennes, das Maskottchen, steht ja schließlich auch am Spielfeldrand

Mitfreuen und mitleiden mit dem FC

und schaut den Spielern zu. Den FC hautnah erleben geht aber auch anders. Regelmäßig finden öffentliche Trainingseinheiten auf dem Trainingsplatz am Geißbockheim statt. Von der neuen Terrasse des offiziellen Clubhauses kannst man den Spielern bei der Vorbereitung auf das nächste Spiel kostenlos zuschauen.

Standort: Franz-Kremer-Allee 1-3 • **Termine:** www.fc.de • **Wie kommt man hin?** Linie 18 bis Klettenbergpark

7. Skate im Familienpark unter der Zoobrücke.

SPORT

In Köln gibt es eine ganze Reihe an Open-Air-Skateparks, in denen man sich mit dem Board oder dem BMX-Rad so richtig austoben kann. Eines der schönsten und mit über 6000 Quadratmetern größten Areale befindet sich auf der rechten Rheinseite unter der

Zoobrücke. Hier kommen nicht nur Skateboarder und Inliner auf ihre Kosten, sondern auch Boulderer, und das völlig kostenlos. Da sich das Gelände zwischen Jugend- und Rheinpark direkt unterhalb der Zoobrücke befindet, liegt ein großer Teil des Familienparks im Trockenen und kann sogar bei schlechterem Wetter genutzt werden. Für Inlineskater und Skateboarder gibt es Wobbles und Waves, eine Pool-Ecke sowie eine Curb-Bank, um das eigene Können auf die Probe zu stellen. Da der Untergrund aus Asphalt besteht, macht das Fahren so richtig Spaß. Weitere sportliche Aktivitäten lassen sich auf einer Multifunktionsfläche, die auch mit einer Bande ausgestattet sind, durchführen. Sie eignet sich für Streetsoccer, Rollhockey, Fußball, Basketball und Tennis. Das großartige Freizeitprogramm wird durch Trampolins und einen Schaukelwald abgerundet. Nach der Action lässt es sich auf dem Gelände des Jugendparks sowie im Rheinpark mit einem Blick auf die Skyline Kölns entspannen. Gastronomie gibt es zudem im Jugendpark, der nur einen Steinwurf vom Familienpark entfernt ist.

Standort: Am nördlichen Ende des Rheinparks unter der Zoobrücke • **Info:** www.koelner-jugendpark.eu/familienpark • **Wie kommt man hin?** Bus Nr. 150/250/260 bis Haltestelle Thermalbad/Claudiustherme

BESONDERE ORTE

8. Genieß die Aussicht auf der »Alten Liebe«.

Ein besonderer Platz mit grandioser Aussicht ist die »Alte Liebe«, ein rotweißes Hausboot, das sanft auf den

Kölsche Jeföhle: Alte Liebe rostet nicht

Wellen des Rheins schaukelt. Das 255 Tonnen schwere Schiff ist mit sieben Ankern und zwei Eisenketten am Rodenkirchener Ufer befestigt. Geht man den roten, langen Steg zur »Alten Liebe« hinunter, liegt rechts eine einladende Terrasse mit wundervollen Blumen und linker Hand ein Fahrradparkplatz. Die Terrasse ist mit hübschen Tischen, Stühlen und Sonnenschirmen ausgestattet, die bei Sonnenschein angenehm Schatten spenden. Es gibt auch einen Innenbereich mit Theke, um bei schlechtem Wetter gemütlich im Warmen zu sitzen. Selbst Tieren gefällt die »Alte Liebe« und die Aussicht. Seit mehr als 6 Jahren brütet immer dasselbe Entenpaar auf dem Hausboot. Ente und Erpel watscheln gerne einmal über das Hausboot und hinterlassen ihre Federn. Vom Hausboot »Alte Liebe« hat man einen unbeschreiblichen Blick auf die Kranhäuser im Rheinauhafen, den Dom, die Kölner Brücken über den Rhein und auf die Poller Wiesen bis hin zum Triangleturm in Deutz. Arno Frank, der Eigentümer des Hausbootes sitzt zudem gerne mit seinen Gästen auf der Terrasse und hat immer wieder spannende Geschichten zu erzählen, die er mit seiner »Alten Liebe« erlebt hat. Seine Arbeit einzustellen und die Rente zu genießen, kann sich der gelernte

Chemiker nicht vorstellen. Er hat nach den Bränden und Kollisionen immer wieder von vorne angefangen, Menschen aus dem Wasser gerettet, eine Leiche gefunden, die in den Ketten hing und den Mann von Tina Turner schon vor der Sängerin selbst gekannt. Wenn er sich etwas wünschen könnte, würde er die »Alte Liebe« vielleicht noch an die spanische Küste verlagern. Aber »ich bin rundum zufrieden und sehr glücklich damit, wie es hier läuft«.

Standort: Rodenkirchener Leinpfad • **Öffnungszeiten:** Di-So ab 11 Uhr • **Wie kommt man hin?** Linie 16 bis Heinrich-Lübke-Ufer

FREIZEIT

9. Schau, wie deine Lieblingssendung gemacht wird.

Der WDR in Köln hat Besuchern so einiges zu bieten, denn hier entstehen die unterschiedlichsten Fernseh- und Radiosendungen. Hauptgebäude des WDT ist das Funkhaus am Wallraffplatz, direkt in der Nähe des Doms, wo sich der große und kleine Sendesaal, Redaktionsbüros sowie ein Filmarchiv befinden. Darüber hinaus gibt es das Vier Scheibenhaus und das Produktionsgelände in Bocklemünd, wo Filme in einzigartigen Kulissen gedreht werden. Radiosendungen wie 1Live werden aus dem Mediapark in Köln gesendet. Bei einer der kostenlosen Führungen kann man einen Blick hinter die Kulissen der größten Sendeanstalt der ARD werfen und die Stimmung in den heiligen Hallen auf sich wirken lassen. Täglich zwischen 12 und 15 Uhr werden die Pforten geöffnet. Dabei können Radio- und Fernsehstudios besichtigt werden. Die Nachfrage nach den Führungen ist recht groß. Man sollte sich daher rechtzeitig vorher online anmelden sollte (einfach nach »WDR Besucherführung« googeln). Und vielleicht begegnet man ja sogar der berühmten Maus und ihren Freunden oder anderen TV-Persönlichkeiten.

Standort: Wallraffplatz 5 • **Öffnungszeiten und Termine:** tgl. 9.30 Uhr, 12 Uhr, 12.30 Uhr, 15 Uhr, 15.30 Uhr (außer an Feiertagen) • **Wie kommt man hin?** S11/12/13/19 und Linie 5/8/16 bis Köln Hauptbahnhof

WDR-Arkaden und -Funkhaus im Zentrum

FAMILIE

10. Sonnenbade an den Escher Seen.

Obwohl umgangssprachlich immer nur vom Escher See gesprochen wird, handelt es sich bei den Seen um zwei ehemalige Kiesgruben. Ein weiterer dritter See befindet sich nicht weit entfernt, in einem kleinen Waldstück versteckt. Sie liegen zwischen den Stadtteilen Pesch, Esch und Auweiler. Da das kostenpflichtige Strandbad »Sundown Beach Club« seinen Eingang in Pesch hat, kommt es bei der Landkarten-App zur lustigen Ortsangabe »Escher See, Pesch«, was für Ortsunkundige zuerst verwirrend erscheint. Neben großen PKW-Parkplätzen ist der See auch gut mit öffentlichen Verkehrsmitteln erreichbar. Der weiße Sandstrand, Sonnenschirme und die Strandbar mit chilliger Musik bieten bei einem Eintritt von 5 Euro wahres Urlaubsfeeling. An Wochenenden gibt es immer wieder coole Partys, wo DJ an den Turntablen stehen. Der zweite See ist nicht frei zugänglich und eingezäunt, damit die artenreiche Vielfalt des Biotops erhalten bleibt. Bei einem Spaziergang kann man von zwei Aussichtsplattformen einen Blick auf den See erhaschen. Um beide Seen führt ein drei Kilometer langer Rundweg, der für eine Radtour ideal ist. Direkt hinter Auweiler liegt ein weiterer See, versteckt in einem kleinen Waldstück. Parkplätze gibt es hier nur am Straßenrand. Nach einem kurzen Spaziergang sieht man rechts das Wasser durch die Bäume hindurch glitzern. Über kleine Trampelpfade gelangt man zum Ufer des Sees. Auch wenn hier überall Schilder stehen, dass Baden verboten ist, wird dieser Ort mit seinen kleinen Naturstränden zum Sonnen, Baden, Entspannen und Relaxen genutzt.

Bade- und Partyspaß am Escher See

Standort: Am Baggerfeld 4 • **Info:** www.seen.de/escher-badesee • **Wie kommt man hin?** Bus Nr. 125 bis Escher See

11. Erlebe die Farbenpracht der Kölner Lichter.

KULTUR

Die Kölner Lichter im Juli gehören zu einem der größten Spektakel in Köln und sind immer einen Besuch wert, da die Stadt in einem Meer von Lichtern und Farben versinkt. Die beste Aussicht auf das spannende Feuerwerk hat man von der Kölner Altstadt, der Bastei beziehungsweise von der anderen Rheinseite aus. In diesen Bereichen findet man zahlreiche kostenlose Aussichtpunkte auf das Spektakel. Um einen guten Platz zu ergattern, musst man sich allerdings schon am frühen Nachmittag dort einfinden. Denn der Andrang ist recht groß. Verschlägt es einen auf die rechte Rheinseite nach Deutz, erwartet einen am Kölner Tanzbrunnen bereits nachmittags ein umfangreiches, musikalisches Rahmenprogramm bei freiem Eintritt. In diesem Bereich liegen auch die Schiffe vor Anker, von denen aus das Feuerwerk abgeschossen wird. Das ist aber noch nicht alles. Die Köln-Düsseldorfer Schifffahrtsgesellschaften fahren von Porz aus um 21.50 Uhr mit 50 festlich beleuchteten Schiffen den Rhein hinunter. Die Schiffe werden

Jahres-highlight: die Kölner Lichter

von bengalischen Feuern und Begrüßungsfeuerwerken begleitet, bis der Konvoi gegen 22:25 Uhr die Kölner Innenstadt erreicht und mit Wunderkerzen begrüßt wird. Pünktlich um 23:30 Uhr wird das atemberaubende Hauptfeuerwerk von zwei Schiffen auf dem Rhein gezündet. Die Kölner Lichter stehen dabei jedes Jahr unter einem anderen musikalischen Thema, das synchron mit dem Feuerwerk einhergeht.

Standort: (Bastei) Konrad-Adenauer-Ufer 80 • **Termin:** www.koelner-lichter.de • **Wie kommt man hin?** Linie 16/18 bis Ebertplatz

Farbenprächtiges Feuerwerk am Rhein

FREIZEIT

12. Mach eine Rätseltour durch Köln.

Beim Geocoaching mit dem Smartphone erwarten einen besondere Aufgaben. Die derzeit beste Anwendung für die Rätseltour und Schatzsuche in Köln nennt sich »Actionbound«. Um loszulegen, benötigt man nicht mehr als die App, die man im App-Store für iOS und Android findet. Für die private Nutzung ist die App kostenlos. Nach dem Herunterladen kann man sofort mit der Rallye starten. Geboten werden sogenannte Bounds, also Rätseltouren, die aus verschiedenen Stationen und Aufgaben bestehen. Neben den bereits vorhandenen Bounds lassen sich nach der Anmeldung auf der Seite von Actionbound auch die Rätseltouren anderer Nutzer öffentlich einsehen und spielen. Wer mag, kann dann sogar seine eigene Rätseltour gestalten und veröffentlichen. Die individuelle Gestaltung der Rätseltouren sorgt dafür, dass man mit ganz anderen Augen durch die Stadt geht und Dinge entdeckt, die in keinem Reiseführer zu finden sind.

Info: www.actionbound.de

BESONDERE ORTE

13. Flaniere auf den Lindenthaler Kanälen.

Die Lindenthaler Kanäle sind ein besonderes Fleckchen in Köln. Sie liegen zwischen dem Inneren und Äußeren Grüngürtel. Die Kanäle beginnen ganz in der Nähe des Zentrums und reichen fast bis an die Stadtgrenze.

Idylle pur: an den Lindenthaler Kanälen

Die Idee zu den Kanälen entstand, nachdem der Stadtwald fertiggestellt wurde und man mit einer Promenade den inneren und äußeren Grüngürtel verbinden wollte. Konrad Adenauer griff diesen Gedanken später wieder auf und wollte so in Köln etwas Ähnliches wie die Düsseldorfer Königsallee schaffen: eine Allee mit Wasser und Bäumen zum Flanieren und Entspannen. Bei einem Spaziergang wird man feststellen, dass eine direkte Verbindung der Kanäle nicht möglich war. Ihnen stand das Kloster »Zum Guten Hirten« im Weg. Daher wurden zwei Kanäle, um 100 Meter versetzt, geschaffen. Das Bindeglied zwischen den Kanälen bildet der Karl-

Schwering-Platz. Ein Spaziergang oder eine Fahrradtour beginnen am besten am Clarenbachkanal, der früher eine direkte Verbindung zum Aachener Weiher hatte. Heute beginnt er direkt auf der anderen Seite der Universitätsstraße und führt durch alten Baumbestand bis zum Gürtel. An den steilen Uferböschungen stehen riesige Kastanienbäume. Nach dem Überqueren des Gürtels stößt man auf den Karl-Schwering-Platz und den Rautenstrauchkanal, wo am Übergang zwei Skulpturen aus der griechischen Mythologie zu bewundern sind. Im Schatten von Ahornbäumen setzt man seinen Weg durch die Natur fort.

Standort: Start: Clarenbachstraße 6 • **Öffnungszeiten:** tgl. 24 Stunden • **Wie kommt man hin?** Linie 1/7 bis Universitätsstraße

KULTUR

14. Erlebe Comedy und Kabarett im WirtzHaus des Atelier Theaters.

Auf den Brettern des Atelier Theaters begegnen einem Komiker und Witzbolde, die ein einzigartiges Programm darbieten. Seit 1997 ist das Theater fest in Frauenhand. Die Künstlergruppe, die sich um Rosa K. Wirtz schart, widmet sich zudem der Nachwuchsförderung von neuen Talenten. Zum Theater gehört auch das WirtzHaus, wo man von Montag bis Freitag Gratis-Comedy in der Zeit von 22 bis 23 Uhr in gemütlicher Atmosphäre erleben kann. Zu sehen bekommt zu für 2 mal 20 Minuten nicht nur Newcomer, sondern auch etablierte Künstler, welche die Lachmuskeln bis aufs äußerste strapazieren. In dem urigen WirtzHaus im Kwartier Latäng fühlt man sich wie im eigenen Wohnzimmer. Besonders schön: Im WirtzHaus werden im Vorhinein keine Plätze reserviert. Daher sollte man einfach frühzeitig vorbeikommen. Daneben lohnt sich auch ein Besuch des Atelier Theaters, wo für kleines Geld einzigartige Veranstaltungen und erstklassige Comedy geboten werden.

Standort: Roonstr. 78 • **Öffnungszeiten und Termine:** www.ateliertheater.de/aktuell • **Wie kommt man hin?** Linie 1/7 bis Molkestraße

15. Erkunde den alten Reichsbahnbunker.

ABENTEUER

Der Eingang des alten Reichsbahnbunkers verbirgt sich hinter einer besprühten Stahltüre. Gefunden wurde er bei Bauarbeiten am Spielplatz in der Werkstattstraße. Das Stück kölsche Geschichte wurde 1941 errichtet. Der Bunker wurde genutzt, um Kölner Zugführern über einfliegende Bomber zu unterrichten. Im Zweiten Weltkrieg bot er 18 Mitarbeitern der Werkluftschutzwache, einem kleinen Arztzimmer und einer Telefonzelle Platz. Gegen eine kleine Spende kann man hier in die Geschichte Kölns während der Kriegszeiten eintauchen.

Standort: Werkstattstraße/Wagenhallstraße • **Öffnungszeiten:** jeden 2. Sonntag im Monat, 10-16 Uhr • **Wie kommt man hin?** S6 Nippes

16. Finde die Spuren der Römer in Köln.

In Köln sind die Römer noch immer allgegenwärtig. Mit einem Stadtplan ausgestattet kann man sich auf Spurensuche begeben und nach den Resten von römischen Bauten, alten Brunnen und Stadtmauerresten suchen. Die spannende Tour beginnt am besten am Nordtor des Kölner Doms. Hier befindet sich ein Tordurchgang der alten Stadtmauer, direkt in der Nähe des Treffpunktes Kreuzrose. Wer genau hinschaut, entdeckt Verzierungen in den Steinen auf der Feldseite des Tores. Das Nordtor hatte drei Durchgänge. Der Hauptdurchgang ließ sich

Auf den Spuren der Römer in Köln

durch ein Fallgitter verschließen. In der Tiefgarage unter der Domplatte gibt es noch Reste des Fundaments und Teile der römischen Stadtmauer zu bestaunen. Von hier aus geht die Suche nach der römischen Hafenstraße weiter, die zwischen Domplatte und Römisch-Germanischem Museum liegt. Am Ende der Straße gibt es einen Nachbau einer römischen Wasserleitung und eine Brunneneinfassung. Auf der Suche nach Relikten aus der Römerzeit begegnet man auch einem turmartig gestalteten Haus, in das Reste eines alten Rundturms integriert sind. Wendet man den Blick auf den Gehweg, fällt direkt eine Bodenplatte aus Bronze im Pflaster auf. Sie zeigt den Verlauf der römischen Stadtmauer im heutigen Stadtplan Kölns, auf dem Türme und Tore durch Symbole zu erkennen sind. Solche Platten sind übrigens bei jedem bedeutenden römischen Bauwerk in den Bürgersteig eingelassen. Schnell mit dem Smartphone ein Foto davon machen und weiter zu Fuß auf Spurensuche gehen, um das römische Köln zu entdecken.

Standort: Startpunkt am Kölner Dom/Nordtor • **Wie kommt man hin?** S 6/11/12/13 und U5/16/18 bis Hauptbahnhof

17. Liege unter den Linden im Blücherpark.

FREIZEIT

Der Blücherpark im Kölner Norden liegt zwischen den damals industriell stark geprägten Stadtteilen Neuehrenfeld und Nippes. Die Parkanlage ist das größte, zusammenhängende Grün im immer noch sehr geschäftigen Teil der Stadt. Unzählige Wege führen vorbei an rund

Grüne Oase: der Blücherpark im Parkgürtel

100 Jahre alten Linden, die den See im Herzen des Parks einrahmen. Auf dem See ziehen von Frühjahr bis Herbst nicht nur Enten und Schwäne ihre Runden. Es gibt auch einen Tretbootverleih. Die ausgedehnten Grünflächen werden vielfach zum Grillen oder für ein Picknick genutzt. Es finden sich zudem überall kleine Nischen als Rückzugsorte. Auf der Nordseite des Parks kommen Sportbegeisterte und Kinder auf ihre Kosten. Es gibt zwei naturbelassene Fußballplätze, Möglichkeiten zum Boule Spielen und einen großen Spielplatz. Außerdem gibt es eine vier Kilometer lange Laufstrecke, die zu einer Joggingtour durch den Park einlädt. Direkt am See finden immer wieder kostenlose Veranstaltungen mit DJs und Livemusik statt. Hier treffen Menschen aufeinan-

der, die sich anderswo nicht begegnen würden: Familien mit Kindern, Partypeople und Spaziergänger lauschen der Musik und feiern einzigartige Partys.

Standort: Parkgürtel • **Infos zu den Veranstaltungen:** www.bluecherpark-koeln.de • **Wie kommt man hin?** Linie 5/13 und S11 Escher Straße

18. Iss Erdnüsse »em Streckstrump«.

KULTUR

Köln hat eine sehr lebendige Jazzszene und ist gerade für Liebhaber des Dixieland-Jazz ein Dorado. Es gibt kleine Combos mit Schlagzeug, Gitarre, Banjo und Bass, ebenso wie größere Jazz-Bands mit mehreren Musikern, Instrumenten und Gesang, die melodischen Jazz vortragen. Eine wahre Institution der Szene ist Papa Joe's Jazzlokal »em Streckstrump« in der Altstadt. In regelmäßigen Abständen stehen hier Musiker auf einer klitzekleinen Bühne, jammen gemeinsam oder tragen ihr Programm beim Blue Note vor. Vielfach sind sogar Musikwünsche erwünscht. Blues, Jazz und Swing, alles ist möglich. Das kleine Lokal ist sehr urig und erinnert ein wenig an die Jazz-Lokale in New Orleans. Viel dunkles Holz und gedämpftes Licht erzeugen eine besondere Atmosphäre. Ein besonderes Highlight findet immer wieder sonntags statt. Vormittags gibt es den sogenannten Jazz-Frühshoppen. Zum Frühschoppen gibt es für die Gäste Erdnüsse. Die Schalen werden dabei einfach auf dem Boden entsorgt, das ist Tradition. Wenn die Musik verstummt und der Frühschoppen vorbei ist, knirschen die Erdnussschalen unter den Schuhen, wenn man das

Lokal verlässt. Schöner kann man als Jazz-Liebhaber einen Sonntagvormittag kaum gestalten.

Standort: Buttermarkt 37 • **Wie kommt man hin?** Linie 5 bis Alter Markt und Linie 1 bis Heumarkt

BESONDERE ORTE

19. Entdecke das 5. Weltstadthaus.

Das 5. Weltstadthaus über der Nord-Süd-Fahrt beeindruckt mit einer Fassade, die nur als Glas zu bestehen scheint. Im Sonnenlicht erstrahlt es in den unterschiedlichsten Farbfacetten. Die Form des Gebäudes erinnert an ein Schiff oder auch an einen gestrandeten Pottwal, weshalb es liebevoll von den Kölnern als Walfisch be-

Gestrandeter Pottwal: Das 5. Weltstadthaus

zeichnet wird. Das Gebäude ist rund 130 Meter lang und 60 Meter breit. Das Atrium im Inneren gibt den Blick über fünf Stockwerke bis in eine Höhe von 34 Meter preis. Eine architektonische Besonderheit ist die 4.900 m² großen Glasfassade, in der 6.800 einzelne Scheiben und 66 Holzleimbinder aus sibirischer Lärche verbaut sind. Wem nicht nach Shopping zumute ist, der lässt in aller Ruhe die Architektur des Gebäudes auf sich wirken.

Standort: Schildergasse 65-67 • **Wie kommt man hin?** Linie 1/7 Neumarkt

20. Genieße die wilde Natur im Volksgarten.

FREIZEIT

Der Volksgarten, die älteste Parkanlage der Stadt, befindet sich auf dem Gelände des Fort IV, dem Unterkunftsbereich des ehemaligen Luftschifferbataillons. hier gibt es einige Restruinen der Festungsanlage, die man besichtigen kann. In Richtung Eifelstraße windet sich sehr versteckt linksseitig ein kleiner Weg einen Hügel hinauf, wo man am Ende das Tor des Forts erreicht. Durch das kleine grüne Türchen gelangt man in einen wundervollen Rosengarten, der mit seinen vielen Bänken zu Verweilen einlädt. Ein weiteres grünes Türchen führt zu einem versteckten Spielplatz mit Schaukeln, Rutsche und Wasserstelle. Um diesem ruhigen Platz zu finden, muss man schon etwas suchen. Das ist aber noch nicht alles, was der Volksgarten zu bieten hat. In der Grünanlage zwischen Südstadion und Volksgartenstraße stehen uralte Bäume, die viel Schatten spenden. Inmitten von

Wild und verwunschen: der Volksgarten

schroffen Felsen gibt zudem es einen künstlich angelegten Wasserfall. Ein beliebter Veranstaltungsort ist die Orangerie, wo Theateraufführungen und Kulturveranstaltungen durchgeführt werden. Zudem gibt es einen tollen Biergarten zum Verweilen. Den Park säumen einige der schönsten Altbauten der Stadt, die noch aus der Gründerzeit stammen. Imposant fügen sich moderne Neubauten in das historische Straßenbild ein und geben der Umgebung ein ganz besonderes Flair.

Standort: Vorgebirgsstraße • **Wie kommt man hin?** Linie 15/16 bis Ulrepforte

21. Schau in die Guckkästen im Klimperkasten.

FREIZEIT

Schon beim Betreten des Klimperkastens in der Kölner Altstadt ist man sich nicht ganz sicher, ob es sich um eine Kneipe oder ein Museum handelt. Sofort fällt einem die Pneuphoniker, das erste selbstspielende Akkordeon-Tuba-Orchester der Welt auf. Außerdem gibt es hier eine Witzmaschine sowie historische Plakate und Fotos von Musikautomaten. Das Akkordeon-Tuba-Orchester ist den beiden Kölner Originalen Tünnes und Schäl nachempfunden. Wer einen Euro opfert, kann zwischen 250 Liedern wählen. Da beide Automaten Arme und Beine bewegen, wird die Musik sehr schwungvoll vorgetragen. Gleichzeitig rollen die beiden Figuren eindrucksvoll mit den Augen. Und ja, der Akkordeonspieler erhebt sich sogar während seiner musikalischen Darbietung. Zu bestaunen gibt es noch selbstspielende Klaviere, ein Schlagorchester und eine Orgel. Alle Raritäten haben schon sehr viele Jahre auf dem Buckel, sind aber trotzdem intakt und lassen sich mit einer Münze zum Leben erwecken. Die Witzmaschine »Papa Joke« ist neueren Datums. Eine Figur in einer Glasvitrine erzählt dabei einen Witz und fängt anschließend an zu lachen und sich ekstatisch zu schütteln. Etwas windschief und geduckt stehen am Abgang zur Toilette drei weitere Geräte. Es sind Guckkästen, die beim Hineinschauen pornografische Bilder aus dem 19. Jahrhundert zeigen. Bei einem gemütlichen Kölsch lässt sich eindrucksvolle Atmosphäre aus Museums- und Kneipenkultur hautnah erleben.

Standort: Alter Markt 50-52 • **Öffnungszeiten:** tgl. von 11-3 Uhr • **Wie kommt man hin?** Linie 5 bis Alter Markt

FREIZEIT

22. Spaziere im Deutzer Stadtgarten.

Auf dem Stadtplan von Köln ist im Westen zwischen Deutz und Poll eine große Grünfläche zu finden: der Stadtpark und der jüdische Friedhof. Auch wenn der Name eine größere Anlage vermuten lässt, handelt es sich tatsächlich nur um einen kleinen Park mit einem Hügel. Durch die viel befahrenen Straßen in unmittelbarer Nähe ist es zudem nicht besonders ruhig. Die Besonderheit des Deutzer Stadtparks ergibt sich durch den alten jüdischen Friedhof. In der Zeit von 1695 bis 1942 war er Begräbnisstätte für jüdische Bürger Kölns. Ein gepflegtes Gelände sucht man hier vergebens. Vielmehr erlebt man ein melancholisch-romantisches Flair, das durch Wildblumen – unter anderem Orchideen – entsteht, die hier überall wachsen. Diese einzigartige Natur ist Lebensraum für 17 verschiedene Schmetterlingsarten und Bienen. Leider ist der Friedhof für die Öffentlichkeit nur zugänglich, wenn man bei einer kostenpflichtigen Führung der Synagogen-Gemeinde teilnimmt. Ein schöner Spaziergang von fünf Kilometern Länge führt jedoch von der Haltestelle Deutz Drehbrücke Richtung Nordosten über den Alten Mühlenweg zum Deutzer Stadtgarten und dem jüdischen Friedhof. Nach einer Runde durch den Park geht es weiter über den Judenkirchhofweg, den Walter-Kasper-Weg, durch die Allerseelenstraße, Am Schnellert bis zu den Poller Wiesen.

Standort: Judenkirchhofsweg • **Infos zu Führungen:** Synagogen-Gemeinde Tel.: 0221-508119 • **Wie kommt man hin?** Linie 7 Deutzer Drehbrücke

23. Erkunde die Hahnentorburg.

KULTUR

Die Hahnentorburg auf dem Rudolfplatz ist das bedeutendste mittelalterliche Stadttor Kölns. An diesem Ort wurde über 800 Jahre hinweg Stadtgeschichte geschrieben. Neu gekrönte Herrscher zogen etwa durch das Hahnentor in Richtung Kölner Dom, um dem Dreikönigsschrein zu huldigen. Seit 1888 ist das erste historische Museum der Stadt in diesem Gebäude ansässig. Im Jahr 1988 nutzte die EhrenGarde der Stadt Köln 1902 e.V. das Stadttor als ihr Domizil. Vor rund zehn Jahren wurde das Tor saniert. Seit der Fertigstellung gilt die Hahnentorburg als »Fenster in die Geschichte«. Steht man heute vor dem massiven Torbogen, bekommt man schnell einen Eindruck von den mittelalterlichen Festungsanlagen, die Köln einst umschlossen haben. Nicht nur von außen, sondern auch von innen lässt sich das unbeschreibliche Bauwerk besichtigen. Die kostenlosen Führungen werden von Mitgliedern der EhrenGarde geleitet. Eine Wendeltreppe mit 80 Stufen gilt es zuerst zu bewältigen. Treffpunkt für die Führung ist am Eingang, Stadtinnenseite am Taxistand. Interessant ist auch der Multimediavortrag. Anhand von Gemälden wird dabei ein Rundgang entlang der mittelalterlichen Stadtmauer durchgeführt. Der Vortrag findet um 11, 14 und 16 Uhr statt. Führungen werden halbstündlich von 10 bis 17.30 Uhr durchgeführt.

Standort: Rudolfplatz 1 • **Wie kommt man hin?** 1/7/12/15/136/146 Rudolfplatz

Die mittelalterliche Hahnentorburg

24. Mach eine Street Art-Tour durch Ehrenfeld.

KULTUR

An vielen Häuserwänden im Stadtteil Ehrenfeld gibt es einzigartige Graffiti, die die unterschiedlichen Gebäude zum Kunstobjekt werden lassen. Großflächige Bilder gibt es zum Beispiel in der Venloer Straße/Gürtel, in der Piusstraße/Ecke Vogelsanger Straße, in der Senefelder Straße und am Bürgerzentrum »MüTZe« zu entdecken.

Standort: Ehrenfeldstraße/Venloer Straße • **Wie kommt man hin?** U3/4 bis Venloer Straße/Gürtel

Ganz Köln ist eine Street Art-Galerie

Der Sensenmann mit Fliege und Blume

Er ist ja nackt: Kunst als aktueller Kommentar

MADE IN
CHINA
1989
FAIR TRADE
Erinnerung an einen unbekannten Helden

25. Schau vom Pilzberg auf das Silvesterfeuerwerk.

FREIZEIT

Zwischen Neuenhöfer Allee und Militärring, am südwestlichen Rand von Sülz, erstreckt sich der rund 40 Hektar große Beethovenpark. Dieser bietet jede Menge Rasenfläche zum Chillen und Grillen. Der ideale Rückzugsort für alle, denen es am Aachener Weiher zu überlaufen ist. Man begegnet Familien mit Kindern, Hundebesitzer, die ihre Vierbeiner ausführen, Fahrradfahrern, Joggern und Skatern. Der Park ist in den 1920er Jahren entstanden und diente nach dem Zweiten Weltkrieg als Abraumhalde für Kriegstrümmer, weshalb diese Grünanlage im Gegensatz zu anderen Park recht hügelig ist.

Lichterspektakel in der Silvesternacht

Die naturbelassene Gestaltung ist wenig spektakulär, bietet aber schöne Fleckchen für ein romantisches Picknick. Die höchste Erhebung ist der Pilzberg, der sich im Südosten des Parks befindet. Im Winter, wenn Schnee liegt, dient er als Rodelberg. An Silvester hat man einen tollen Blick auf das Kölner Silvesterfeuerwerk.

Standort: Beethovenpark • **Wie kommt man hin?** Linie 6/18 Klettenbergpark, Linie 15 Berrenrather Straße/ Gürtel

FREIZEIT

26. Flaniere über die Ehrenstraße.

Ein Spaziergang entlang der Ehrenstraße garantiert immer skurrile Erlebnisse. Die Shoppingmeile ist nicht nur der Anziehungspunkt für Hipster, die auf ihren Einkaufstouren exklusive Mode und Ausgefallenes suchen, hier ist auch sehen und gesehen werden angesagt. Neben Paradiesvögeln trifft man hier auch regelmäßig auf Prominente aus Film und Fernsehen. Sie flanieren über die Gehwege oder sitzen in Cafés und genießen den Tag. Ein Blick auf die Häuser zeigt, dass auf der Ehrenstraße alte und neue Architektur verschmelzen. Es gibt es Gebäude mit einzigartigen Eingängen aus der Gründerzeit, genauso wie moderne Bauten mit klaren, strukturierten Außenfassaden. Wer des Spazierens müde ist, macht im kultigen Café Waschsalon rast und schaut auf Radfahrer, die auf schicken Citybikes vorbeifahren, exklusive Luxuslimousinen, die am Straßenrand parken und natürlich jede Menge trendbewusste, durchgestylte Menschen.

Kölner Paradiesvögel in der Ehrenstraße

Standort: Ehrenstraße • **Wie kommt man hin?** Linie 1 bis Neumarkt oder Rudolfplatz

FREIZEIT

27. Fotografiere die Libellen in der Flehbachaue.

In der Idylle des Vogelschutzgebiets Flehbachaue im Merheimer Bruch fühlen sich heimische Vögel besonders wohl. Die vorhandenen Kopfweiden – zu Hecken gestutzt – bieten eine gute Nistgrundlage. Der kleine Flehbach fließt gemächlich durch die Landschaft. An einigen Stellen ist das Ufer begehbar, an anderen Stellen von üppiger Vegetation umgeben. Zu finden sind hier

Ein Paradies für Insekten: die Flehbachaue

unter anderem wasserliebende Sumpfschwertlilien. Auf den ausgedehnten Wiesenflächen gibt es in natürlicher Umgebung genug Mulden, in denen sich nach einem Regenschauer Wasser sammelt. Ein einzigartiges Badeparadies für Vögel, Libellen und andere Insekten, denen man hier stundenlang zuschauen kann. Im ersten Moment wirkt das Gebiet zwischen der Olpener Straße, der Autobahn, landwirtschaftlich genutzten Flächen und den Schienen der Bahnlinie 1 für unkundige Besucher eher langweilig. Doch wer mit einem Fernglas bewaffnet, die Sitzmöglichkeiten nutzt und etwas Geduld mitbringt, bekommt rasch die Gelegenheit, Tiere in ihrem natürlichen Lebensraum zu beobachten. Im Vogelschutzgebiet fühlen sich auch Frösche, Wanzen, Käfer, Libellen und abends Fledermäuse sowie Kröten zuhause.

Standort: über die Felder nördlich der Olpener Straße in Merheim • **Wie kommt man hin?** Linie 1 bis Olpener Straße

28. Sei beim Training der Kölner Haie dabei.

SPORT

Wichtigster Sportverein neben dem 1.FC Köln ist der KEC, der auf eine vier Jahrzehnte lange Eishockey-Geschichte zurückblickt. Die Kölner Haie sind nicht nur einer der ruhmreichsten Traditionsclubs in Deutschland, sondern Kult! Gewonnen wurden acht Deutsche Meisterschaften und unzählige Playoff-Schlachten mit Star-Trainer und Star-Spielern. Es gab Titel, Triumphe, genauso wie Niederlagen, Tränen und Skandale, die den Weg der Kölner Haie begleitet haben. Nachdem sich die Eishockey-Abteilung des Kölner EK 1972 verselbständigt hatte und als Kölner Eishockey-Club »Die Haie« firmierte, gelang der große Durchbruch. Mit einem Blitzdurchmarsch durch die Oberliga gelang dem KEC der Einzug in die Bundesliga. Heute gehören die Kölner Haie zu den Vorzeigemannschaften der DEL. Regelmäßig finden öffentliche Trainingseinheiten in der Köln-

Harte Männer, harter Sport: die Kölner Haie

arena 2 statt. Die Termine und Trainingspläne findet man auf der Homepage der Kölner Haie.

Standort: Gummersbacher Str. 4 • **Info:** www.haie.de • **Wie kommt man hin?** Linie 1/3/4/9 bis Lanxess Arena

KULTUR

29. Schwelge im Barockprunk.

Wer den Kölner Hauptbahnhof über den Hauptausgang am Bahnhofvorplatz verlässt, sieht zuerst den mächtigen Dom in seiner ganzen Schönheit. Doch bei einem Blick nach rechts fällt sofort ein rosafarbener Kirchturm auf, der über die Häuser der Stadt ragt. Die Jesuitenkirche St. Mariä Himmelfahrt ist eine Emporenbasilika mit gotischen und romanischen Bauformen. Der Innenraum der Kirche wird von einem 60 Meter langen und 25 Meter breiten Hauptschiff dominiert. Die äußere Fassade im Westen rahmen die beiden Kirchtürme ein. Im Banken- und Geschäftsviertel mit den angrenzenden Hochhäusern geht die prunkvolle Fassade der Kirche leider etwas unter und wird im Vorbeigehen kaum als einzigartiger Sakralbau wahrgenommen. Dennoch sollte man sich die Zeit für eine Besichtigung nehmen. Direkt beim Betreten eröffnet sich ein unbeschreibliches Bild vom Prunk des Barocks, der einem nicht nur vom großen Hochaltar, sondern auch von den Säulen und Wänden entgegen stahlt. Der Hochaltar ragt bis hinauf ins Gewölbe. Er ist wie ein Wechselrahmen gestaltet, sodass die integrierten Leinwandbilder zu Weihnachten, zur Fastenzeit, zu Ostern und bestimmten Heilgenfeiern ausgetauscht werden können. Der Altar war 1628

Barockprunk in der Kirche St. Mariä Himmelfahrt

eine Stiftung des Kurfürsten Ferdinand von Bayern an die Kölner Jesuiten. Überall in der Kirche gibt es zudem üppige, goldfarbene Bilderrahmen sowie aufwendigen Stuck mit Goldverzierung. Wer den Blick schweifen lässt, entdeckt über dem Haupteingang die einzigartige Orgel, die sich perfekt in das Gesamtbild integriert.

Standort: Marzellenstraße 30 • **Öffnungszeiten:** tgl. 9-18 Uhr • **Wie kommt man hin?** Linie 4/5/16/18 Hauptbahnhof

30. Laufe durch den Rhein.

ABENTEUER

Nur wenige wissen, dass man unter dem Rhein trockenen Fußes von einem zum anderen Ufer gelangt. Dieses besondere Highlight ist viel spektakulärer als über eine der sieben Rheinbrücken zu spazieren. Möglich ist das Abenteuer durch einen alten Fernwärmetunnel. Der Tunneleingang befindet sich auf der rechten Rheinseite am Deutzer Kennedy-Ufer, genau gegenüber vom Musical Dom, der Ausgang ist am Breslauer Platz, direkt hinter dem Kölner Hauptbahnhof. Der 500 Meter lange Weg führt den Besucher auch zu einem kleinen Ausstellungsraum, in dem man die sonderbarsten Dinge besichtigen kann, die beim Tunnelbau ans Tageslicht kamen: Bombenreste oder Teile der alten Hohenzollernbrücke. Der Tunnel hat einen schnurgeraden Verlauf und scheint im ersten Moment unendlich lang zu sein. Entsprechend mulmig macht man sich auf den Weg. Hat man endlich das Schild »Halbzeit« passiert, ist das Gröbste überstanden. Informationen zu einer kostenlosen Führung bekommt man auf der Internetseite der Rheinenergie. Eine Voranmeldung für die Besichtigung ist notwendig.

Standort: Kennedy-Ufer • **Info und Anmeldung:** www.rheinenergie.com • **Wie kommt man hin?** Linie 1/3/4 Deutzer Freiheit

LAND & LEUTE

31. Spaziere durch Nippes.

Im Nippes stößt man auf die gesamte Kulturvielfalt Kölns. Das Leben im quirligen Viertel findet vor allem auf der Neusser Straße und dem Wilhelmplatz statt. In den Seitenstraßen wird es etwas beschaulicher. Es gibt Ein- und Mehrfamilienhäuser sowie weitläufige Parkanlagen. Gesehen haben sollte man die Grünanlagen »Nippeser Tälchen«, »Nippeser Schweiz« und den Johannes-Giesbert-Park. Bei einem Spaziergang durch

Flohmarkt-
schätze:
Gefunden in
Nippes

Nippes sollte man immer wieder den Blick auf die alten Häuser sichten. Sie stammen aus der Gründerzeit und sind überwiegend im Jugendstil gebaut. Einzigartige Stuckfassaden sind zum Beispiel in der Schwerinstraße und am Leipziger Platz zu bestaunen. An Sonntagen findet auf dem Wilhelmplatz ein toller Flohmarkt statt. Hier gibt es keine gefälschten Rolex Uhren oder billige Ladekabel fürs Handy, sondern ausschließlich antiken Schmuck, Bücher sowie Bekleidung und manches alte, verstaubte Schätzchen. Nach einer erfolgreichen Shoppingodyssee lohnt sich der Besuch im Café Rosenstock an der Neusser Straße. Dort gibt es unter einem Efeudach und Weinreben eine riesige Auswahl an guten Tees.

Standort: Wilhelmplatz/Neusser Straße • **Wie kommt man hin?** Linie 15 Florastraße

FREIZEIT

32. Lass deine Seele im Friedenspark baumeln.

Die Geschichte Kölns begegnet einem bei einem Spaziergang durch die Straßen auf Schritt und Tritt und zeigt sich sogar überall dort, wo man sie nicht erwartet. Im Friedenspark am Agrippina-Ufer steht das Fort I, welches zum inneren Festungsgürtel gehörte. Der Gartenbauer Fritz Encke hatte bei der Gestaltung des Parks die grandiose Idee, die verbliebenen Mauern nach der Schleifung der alten Festungsanlage in die Gestaltung miteinzubeziehen. So entstanden wundervolle Wege entlang der Mauern, die mit Efeu überwuchert sind, sowie einzigartige Torbögen und Galerien, die mit wildem Wein geschmückt sind. Verträumte Ecken mit Bänken laden zum Rasten und Verweilen ein. Für Kinder gibt es zudem einen spannenden Bauspielplatz. Die Parkanlage hat etwas Märchenhaftes und strahlt eine unbeschreibliche Ruhe aus, obwohl dieser idyllische Platz mitten in der Großstadt liegt.

Standort: Oberländer Wall (Neustadt-Süd) • **Öffnungszeiten:** tgl. 24 Stunden • **Wie kommt man hin?** Linie 15/16 Ubierring

33. Schwebe auf einer Brauhaustour zwischen Himmel un Äd.

LAND & LEUTE

In jedem Stadtviertel Kölns gibt es eine einzigartige Brauhaus-Kultur. Neben den bekannten Brauereien wie Gaffel und Früh, gibt es noch Reissdorf, Sion, Mühlen Kölsch und viele weitere. Das Bierbrauen hat in Köln eine lange Tradition und jedes Kölsch, egal ob frisch gezapft vom Fass oder aus der Flasche, hat seine ganz eigene Note. Das kühle Blonde von Reissdorf hat einen leicht süßlichen Geschmack. Hingegen schmeckt Gaffel deutlich würziger. Das helle, blank gefilterte obergärige Vollbier hat einen durchschnittlichen Alkoholgehalt von 4,8 %. Welches Bier sich Kölsch nennen darf, ist in den Kölsch-Konventionen von 1985 geregelt. Bei einer Brauhaus-Tour kann man das köstliche Kölsch direkt frisch vom Fass genießen. Himmel un Ääd mit Flönz und Halve Hahn bieten eine gute Grundlage. Denn es bleibt meist nicht bei einem Kölsch. Nichtkölnern stellt sich jetzt die Frage, was Himmel un Ääd mit Flönz oder Halve Hahn eigentlich ist. Halve Hahn ist kein halbes Hähnchen, sondern ein Röggelchen mit einer dicken Scheiben Käse darauf. Das typisch kölsche Gericht Himmel un Ääd mit Flönz ist Kartoffelpüree mit Apfelmus und gebratener Blutwurst. Flönz darf sich die Blutwurst nur nennen, wenn sie nach einem alten kölschen Rezept hergestellt wurde. Man kann sich auf eigene Faust auf eine Tour durch die Kölner Brauhäuser begeben oder einer geführten (kostenpflichtigen) Brauhaus-Tour anschließen, um zusätzlich vieles Wissenswerte durch den Guide zu erfahren.

Standort: Altstadt, Südstadt, Eigelstein • **Info zu geführten Touren:** www.brauhaus-touren-in-koeln.de • **Wie kommt man hin?** Linie 5 Altstadt/Rathaus, Linie 16 Chlodwigplatz/Südstadt, Eigenstein, S6 Hansaring, Linie 16/18 Ebertplatz

FREIZEIT

34. Erliege dem Duft der Rosen im Fort X.

Im Kölner Agnesviertel steht das Fort X, welches Teil des inneren, preußischen Festungsrings war. Nach der Schleifung, beziehungsweise dem Abriss des inneren Festungsrings blieben einige Mauern des Fort X erhalten und wurden in einen Park integriert. Absolutes Highlight dieses Parks ist der einzigartige Rosengarten. Der Garten befindet sich quasi auf dem Dach des alten Forts. Der Rosengarten wurde auf Anregung Konrad Adenauers angelegt. Im Jahr 2013 wurde die Parkanlage komplett saniert und bietet heute mehr als 70 Rosensorten, darunter etwa die »Lavaglut«, die man bewundern und bestaunen kann. Hübsch angelegte Wege führen vorbei an eindrucksvollen Beeten mit kleinen Informationstafeln. Seit 2008 heißt der gesamte Park samt Rosengarten Hilde-Domin-Park. Die Kölner Lyrikerin wurde 1909 in der Nähe des Parks geboren. Eines ihrer bekanntesten Gedichte trägt den vielsagenden Titel »Nur eine Rose als Stütze«.

Standort: Neusser Wall 33 • **Wie kommt man hin?** Linie 16/18 bis Reichenspergerplatz

Betörender Duft von mehr als 70 Rosensorten

Freizeit

35. Spaziere durch den verwunschenen Felsengarten.

Der am Fort VI befindliche Felsengarten hat das Flair eines alten, verwunschenen Märchenwalds. Hier ist es immer recht düster durch die hohen Bäume, die am Wegrand stehen und die Schlucht unter sich begraben. Man würde sich nicht wundern, wenn aus dem Gebüsch plötzlich Feen und Trolle schlüpfen. Die Felsbrocken und die Landschaftsformation wirken sehr untypisch für Köln. Die Anlage wurde 1923 vom Gartendirektor Fritz Enke errichtet und orientiert sich am Grundriss des Fort VI, einem ehemaligen Preußenfort. Im nördlichen Seitengraben entstand dabei eine künstlich angelegte Schlucht, deren Wände gut 20 Meter in die Höhe ragen. Über kleine Pfade erreicht man ein Plateau, von dem aus man einen Blick auf den Decksteiner Weiher erhascht. Nach Abriss der alten Festung blieben lediglich das Kehlhaus und die seitlichen Wallanlagen erhalten. Aus den Trümmern des Forts entstand die Idee eines Felsengartens, der ursprünglich sogar Zierpflanzen beherbergte. Nach einigen Jahren geriet die Installation jedoch in Vergessenheit und wurde von Pflanzen überwuchert. 2001 wurde der Felsengarten aus dem Dornröschenschlaf zu neuem Leben erweckt wurde. Dies geschah auf Initiative des Grünflächenamtes der Stadt Köln und des Rheinischen Vereins für Denkmalpflege. Der Felsengarten lädt das ganze Jahr über zu einem Besuch ein und ist für Besucher immer geöffnet. Zudem gibt es täglich kostenlose Führungen durch das Fort.

Standort: Fort VI • **Öffnungszeiten:** tgl. 24 Stunden • **Wie kommt man hin?** mit der Linie 146 bis Deckstein

36. Erlebe einen Badetag am Fühlinger See.

FAMILIE

Am Fühlinger See ist in den warmen Monaten des Jahres immer mächtig was los. Der See erstreckt sich auf sieben Teilgewässer und ist Anlaufstelle für Sonnenhungrige, Sportfans, Aktive und Erholungssuchende. Rudern, Surfen, Tauchen, Schwimmen, Feiern – Hier ist alles möglich. Alter Baumbestand bietet Schatten. Auf den Rasenflächen, direkt in Ufernähe lässt es sich an heißen Sommertagen sehr gut mit Kühltasche und Decke aushalten. Einen Grill kann man ebenfalls nutzen, um nach einem tollen Badetag den Abend gemütlich ausklingen zu lassen. Taucher mit eigener Ausrüs-

Der Blackfoot Beach am Fühlinger See

tung können die Unterwasserwelt des Sees erkunden. Weißer Sand, gemütliche Pavillons, Liegestühle und Palmen gibt es nur am Blackfoot Beach, die sich am Westufer des Sees befindet. Wer hier seinen Tag verbringen möchte, zahlt allerdings Eintritt. Die anderen Strände und Liegewiesen sind kostenlos zugänglich. Am Blackfoot Beach gibt es ein Restaurant und Biergarten, wenn man den Picknickkorb nicht mitnehmen möchte. Auf der 2,3 Kilometer langen Regattastrecke am Fühlinger See sind regelmäßig Sportevents, darunter Kajak- und Schwimmwettbewerbe sowie der Köln-Triathlon. Der u-förmig abgelegte, asphaltierte Weg um die Regattastrecke eignet sich ideal zum Inline-Skaten. Teilbereiche des Fühlingers See werden gleichzeitig als Veranstaltungsplatz genutzt, zum Beispiel für das Summerjam-Festival oder das Drachenbootfestival.

Standort: Fühlinger See, Oranjenhofstraße • **Öffnungszeiten:** tgl. 24 Stunden • **Wie kommt man hin?** Linie 18/12/122 oder S11/122 bis Willi-Sollmann-Str.

KULTUR

37. Mach eine Galerien-Tour durch Köln.

Köln verfügt über eine rege Kunstszene. Neben der jährlich stattfindenden Kunstmesse »art cologne«, auf der 200 etablierte Galerien und hochkarätige Newcomer aus 31 Ländern ihre Kunstwerke in den Messehallen der KölnMesse ausstellen, gibt es auch eine Vielzahl von Galerien, deren Türen für kunstinteressierte Besucher immer offen stehen. Sie haben sich auf bestimmte Kunst- und Stilrichtungen festgelegt. So gibt es Galerien für klassisch-moderne Kunst, aber auch eine Menge Galerien, in denen junge Kunst zu bestaunen ist. in der Galerie Mirko Mayer M Projects wird internationale, zeitgenössische Kunst mit Künstlern aus Deutschland, Paris, London, Los Angeles oder Tel Aviv gezeigt. Eine spannende Galerien-Tour startet in der Galerie Mirko Mayer M Projects, führt weiter zu den Galerien Vera Gliem, Eva Winkler, Charlotte Desaga, Warhus Rittershaus, Christian Lethert, Figge von Rosen, Schmidt & Handrup sowie zum Clages Köln und endet in der Galerie Schmidt Maczollek.

Standort: Startpunkt Galerie Mirko Mayer M Projects, An der Schanz 1a, • **Wie kommt man hin?** Linie 18 bis Riehl/Boltensternstraße

38. Durchstreife das Agnesviertel.

LAND & LEUTE

Ein besonders markanter Stadtteil Kölns ist das Agnesviertel, in dem auch Kölns zweitgrößte Kirche steht. Im 19. Jahrhundert entstand hier eine einzigartige Symbiose aus Arbeiterviertel und nobler Wohngegend, dessen geografischer Mittelpunkt die Agneskirche darstellt. Ganz gleich, aus welcher Richtung man kommt, ob vom Ebertplatz, vom Rhein oder der Inneren Kanalstraße, man erhascht immer einen Blick auf den 62 Meter hohen Kirchturm. Bei einem Streifzug trifft man auf schmucklose Mietshäuser sowie auf wahre Schätze wie den Gründerzeitpalast in der Nähe der Weißenburgstraße, in der sich der noblere Teil des Viertels ergießt. Die Neusser Straße mit ihren hohen Bäumen, hübschen

Lokalen und kleinen Geschäften ist ein Bereich zum Flanieren. Im Büdchen in der Nähe vom Ebertplatz stößt man dagegen auf kölsche Frohnaturen und so manch skurrile Gestalten. Berühmte Persönlichkeiten waren in diesem Stadtteil ebenfalls zuhause. Auf der Hüchelrather Straße 7 steht das Wohnhaus des Schriftstellers Heinrich Böll und auf der Riehler Straße 23 das Geburtshaus der Lyrikerin Hilde Domin. Ein weiterer spannender Ort ist die Alte Feuerwache. Das Bürgerzentrum ist gleichzeitig Veranstaltungsort für experimentelle Kunst und Kulturveranstaltungen. Bei einem Streifzug durch das Viertel lohnt sich immer ein Blick auf die Häuserfassaden, da es dort wahre Schätze aus der Gründerzeit sowie den siebeneckigen Ringturm am Rheinufer zu entdecken gibt.

Standort: Ebertplatz/Neusser Straße • **Wie kommt man hin?** S 13 und Linie 5/16/18 bis Ebertplatz

Entspanntes Flair im Kölner Agnesviertel

39. Erlebe Fußballgeschichte hautnah.

BESONDERE ORTE

Der Weidenpescher Sportpark hat mehr Geschichten geschrieben, als man im ersten Moment annehmen möchte. In diesem Stadion, von dem heute nur noch die marode Westtribüne steht, wurde Fußballgeschichte geschrieben. Genau an diesem Ort gab es zwei Finale der Deutschen Fußballmeisterschaften, einmal 1905, und ein anderes Mal 1910. Der VfL Köln 1899 nutzte das Stadion bis 2002 als Trainingsstätte. Die Tribüne mit dem davorliegenden Aschenplatz wurde auch als Filmkulisse für den Film »Das Wunder von Bern« genutzt. Der Sportpark war seinerzeit die größte Arena in Deutschland und bot insgesamt 16.000 Fußballbegeisterten Platz. Die alte, marode Stahl-Holz-Konstruktion am Rande des Fußballfeldes ist wie das gesamte Station ein toller Lost Place für einzigartige Fotos. An den Wochenenden wird dieser Platz für Flohmärkte genutzt.

Standort: Rennbahnstraße 152 • **Wie kommt man hin?** Linie 9/12/13 bis Scheibenstraße

40. Lausche dem Kölner Sinfonieorchester.

KULTUR

Die Kölner Philharmonie ist ein imposantes Bauwerk, das in den Gebäudekomplex des Museums Ludwig integriert ist. Der Konzertsaal, der einem Amphitheater nachempfunden ist, um einen einzigartigen Raumklang sicherzustellen, ist beeindruckend. So gibt es keine pa-

Große Klassik beim Philharmonie-Brunch

rallelen Wände. Auch bei der Bestuhlung wurde darauf geachtet, dass die Schalldämmung konstant ist, ganz gleich, ob jemand auf einem Stuhl sitzt oder nicht. Das Dach des Konzertsaals ist der begehbare Heinrich-Böll-Platz, der zwischen Museum Ludwig und der Treppenanlage zur Altstadt liegt. Da alle Geräusche wie Schritte, Fahrgeräusche und vieles mehr in den Konzertsaal übertragen werden, ist der Platz bei Veranstaltungen gesperrt. Hält man sich in der Nähe des Platzes auf, kann beim genauen Hinhören den gedämpften Klängen des stattfindenden Konzerts lauschen. Das Dach überträgt die Klänge sehr dezent nach draußen. Die Besonderheit des Gebäudes, die imposante Architektur und die einzigartige Akustik bei exzellenter klassischer Musik kann man jedoch auch hautnah umsonst erleben. Jeden Donnerstag um 12.30 Uhr öffnet die Philharmonie für Besucher die Pforten. Dann können Interessierte den Proben des Orchesters beiwohnen und für 30 Minuten in eine einzigartige Klangwelt eintauchen.

Standort: Bischofsgartenstraße 1, 50667 Köln • **Wie kommt man hin?** Linie 1/3/4 Heumarkt

41. Mach dich unter freiem Himmel fit.

SPORT

In Köln gibt es für Sportbegeisterte zahlreiche und gute Outdoor-Fitness-Parks, in denen man joggen, biken, inlineskaten und Workouts mit dem eigenen Körpergewicht durchführen kann. Ein besonders schöner Fitnesspark liegt im inneren Grüngürtel (1). Die 200 qm große Anlage bietet 20 Stationen für Kraft- und Bewegungstraining sowie ein Trampolin zum Austoben. Einen spannenden Old-School Trimm-Dich-Pfad mit Klimmzugstange und Parallelbarren gibt es an der Lüttich Kaserne (2). Ein weiterer Outdoor-Fitnesspark liegt im Kölner Stadtwald am Adenauerweiher in Lindenthal und lädt zu ausgiebigen Trainingseinheiten ein (3). In der Nähe des Bürgerhauses »MüTZe« warten auf Sportler unterschiedliche Geräte wie Abs Benches, Ringe oder niedrige Zugstangen (4). Zu den besten Sportparks gehört der 4F-Circle-Bewegungsparcours in der Merheimer Heide, der viele Trainingsmöglichkeiten für Bewegungs- und Kraftübungen sowie für Läufer bietet (5). Auf den öffentlichen Flächen kann jedermann sportlichen Aktivitäten nachgehen und dabei andere Sportler treffen, um sich auszutauschen oder Hilfestellungen zu bekommen.

Standort: 1. Fitnesspark Innerer Grüngürtel, Vogelsangerstr., 50823 Köln 2. Trimm-Dich-Pfad Lüttich Kaserne, Neusser Landstr. 4, 50735 Köln, 3. Trimm-Dich-Pfad im Kölner Stadtwald, Adenauerweiher, Stadtteil Lindenthal, 4. Calisthenics Park Mülheim, Von-Sparr-Straße 19, 51063 Köln, Merheimer Heide 5. 4F-Circle-Bewegungsparcours, Merheimer Heideweg, 51103 Köln • **Wie kommt man hin?** 1. Linie 3/4 Vogelsanger Straße, 2. Linie 15 Meerfeldstraße, 3. Linie 1 Rheinenergie Stadion, 4. Linie 18/4, Bus 250/151 Von-Sparr-Straße, 5. Linie 1 Frankfurter Straße

FREIZEIT

42. Feiere Karneval im Sommer.

Da der Kölner bekanntlich gerne feiert und die fünfte Jahreszeit, also der Kölner Karneval einfach zu Köln dazugehört, hat man sich entschlossen, den Straßenkarneval bei warmen Temperaturen zu wiederholen. Jeck im Sunnesching sorgt Anfang September für Weiberfastnachtsstimmung. Bestimmte Bereiche in Köln werden zur einzigartigen, jecken Partyzentrale. In rund 100 Kneipen in Köln und auch am Aachener Weiher wird der Karneval im Sommer ausgelassen gefeiert. An zwei Tagen findet die größte Karnevalssause außerhalb der regulären Session im Jugendpark unter der Zoobrücke statt. Es treten bekannte Bands wie Brings, Kasalla, Querbeat und Co. auf und heizen den Besuchern so richtig ein. Auf den Bühnen lässt sich das Who is Who der kölschen Musikszene erleben. Textsicherheit ist bei den meisten Besuchern garantiert. Es wird gesungen, getanzt und ausgelassen gefeiert, so wie es sich gehört. Der Schlachtruf von Jeck im Sunnesching ist »Sommer Alaaf!«. Tausende Jecke zeigen ihre einzigartigen Kostüme, für die es in der fünften Jahreszeit viel zu kalt war. Wer sich unter das Partyvolk am Aachener Weiher mischt, sollte sich kostümieren, da sonst mit Schminke und Luftschlangen von den Feierfreudigen nachgeholfen wird. Das ist eben die kölsche Frohnatur. Für die große Party im Jugendpark braucht man ein Ticket, sonst ist das Feiern überall kostenlos ohne Eintritt möglich!

Standort: Aachener • **Weiher Info und Termine:** www.jeckimsunnesching.de • **Wie kommt man hin?** Linie 18/1/5 Aachener Weiher

43. Mach eine Führung über den Jüdischen Friedhof.

KULTUR

Ein ganz besonderer Ort liegt im Stadtteil Bocklemünd, direkt an der Venloer Straße neben dem Westfriedhof. Seit 1918 bis heute werden auf dem Jüdischen Friedhof Beerdigungen durchgeführt. Er ist mit 5.000 Grabstätten der größte jüdische Friedhof in ganz Köln. Die Architektur wurde von Robert Stern gestaltet und weißt viele Akzente im neoklassizistischen Stil auf. Im vorderen Teil des Geländes sind alte Gräber mit beeindruckenden und teilweise verstörenden Inschriften auf den Grabsteinen zu finden, die an die Ermordungen in Auschwitz, anderen KZs und Ghettos erinnern. Im hinteren Teil liegen die neuen Gräber, unter denen sich viele mit russischen Namen finden. Es gibt zudem eine erstaunliche Anzahl an historisch und künstlerisch wertvollen Grabdenkmälern, Gedenkstätten und Denkmäler. Sie erinnern an die Geschichte der Juden und Köln. Die jüdische Begräbniskultur ist anders als die christliche. Statt Blumen liegen große Grabplatten vor den Grabsteinen. Auf den Platten und Grabsteinen sind abgelegte Kieselsteine zu finden. Sie gelten als Zeichen der Ewigkeit. Beim Verlassen des Friedhofs ist das Waschen der Hände Pflicht. Neben einem Spaziergang

Ort voller Geschichte: der jüdische Friedhof

über den jüdischen Friedhof wird Besuchern auch eine kostenlose Führung mit Vorträgen und Erläuterungen zur jüdischen Bestattung und zum Totengedenken im Judentum angeboten. Der Treffpunkt für die Führung befindet sich vor dem Friedhof. Wichtig ist, dass alle männlichen Besucher eine Kopfbedeckung tragen müssen. Der Friedhof ist ganzjährig geöffnet und nur am Schabbat sowie an jüdischen Feiertagen geschlossen.

Standort: Venloer Straße 1152 • **Wie kommt man hin?** Linie 3/4/126/143/145 Haltestelle Bocklemünd

44. Genieß die Aussicht vom Kaufhof-Parkhaus.

BESONDERE ORTE

Es gibt Parkhäuser in Köln, die zu schade sind, um einfach nur das Auto dort abzustellen. Auch wenn Parkhäuser als Funktionsbauten gelten, gibt es in dem 1950-er Jahre-Bau an der Cäcilienstraße eine besondere Architektur zu entdecken. Wenn man das Kaufhof-Parkhaus über die kleine Straße St. Agatha betritt, sollte man den Kopf in den Nacken legen, um einen Blick auf die lichtdurchflutete Kuppel zu erhaschen. In der Kuppel befinden sich Aussparungen, die an einen Sternenhimmel erinnern. Das komplett verglaste Treppenhaus wächst unter der Kuppel zylindrisch aus dem Boden. Bis direkt unter das Dach sind es 125 Stufen, die es zu erklimmen gilt. Nach einem kleinen Rechtsschwenk gelangt man direkt auf die 6. Etage im Freien. Selbst tagsüber ist hier oben kaum Betrieb. So scheint die weite Asphaltfläche ganz dem Ausflügler zu gehören, der in diesem urbanen Ambiente ein spektakuläres Panorama geboten bekommt. Richtung Osten sind die Kranhäuser, die Rheinbrücken und der Triangleturm zu sehen. Blick man gen Norden, sieht man die gesamte Breitseite des Doms. Bei einem Blick Richtung Westen zeigt sich das Weltstadthaus von Renzo Piano, das aus dieser Perspektive nicht mehr wie ein Ei, sondern wie ein gestrandeter Pottwal aussieht. Die danebenstehende Antoniterkirche wirkt daneben wie ein alter, kleiner Goldfisch. Vom Dach des Parkhauses bekommt man auch einen ganz neuen Eindruck von der Shoppingmeile »Schildergasse«, auf die man steil hinunterschaut. Über den Dächern der Einkaufsmeile erblickt man Römerstatuen, die man von hier aus zum ersten Mal sieht.

Geheimtipp: tolle Aussicht vom Parkhaus

Standort: Cäcilienstraße 0 • **Öffnungszeiten:** werktags 7-24 Uhr, Sonn- und Feiertage 9-24 Uhr • **Wie kommt man hin?** Linie 5 bis Heumarkt, Linie 1/16/18 bis Neumarkt

KULTUR

45. Entdecke die Kirchen im Schatten des Doms.

Im Kölner Stadtgebiet gibt es neben dem Dom noch zwölf wundervolle, romanische Kirchen, die jedoch im 2. Weltkrieg teilweise zerstört wurden. Erst im Jahr 1985 konnte Köln die Vollendung des Wiederaufbaus aller Kirchen feiern. Dabei ist es der Stadt gelungen, moderne Kunst, sowie neue Elemente mit historisch überlieferter Architektur zu vereinen. Neben der Teilnahme an einer geführten Tour hat man auch die Möglichkeit die Kirchen auf eigene Faust zu entdecken.

Eine besondere Kirche ist beispielsweise St. Georg. Sie ist die einzige erhaltene Säulenbasilika mit massigem Westturm im romanischen Baustil im ganzen Rheinland und wirkt wie eine uneinnehmbare Festung. Die Mauern des Turms sind fünf Meter dick, was darauf schließen lässt, dass der Turm einst viel höher geplant war. Beim Betreten der Kirche fällt auf, dass sich das äußere Erscheinungsbild im Inneren nicht fortsetzt, da hier Säulen aus römischen Bauwerken wiederverwendet wurden. Seit den 20er Jahren des letzten Jahrhunderts

Entdecke romanische Kirchenschätze

prägen zudem expressionistisch gestaltete Fenster von Jan Thom-Prikker den Raumeindruck. Besonders sind auch die beiden großen Kreuze, die aus dem 11. und 14. Jahrhundert stammen. Weitere sehenswerte romanische Kirchen in Köln sind St. Gereon, Groß St. Martin in der Altstadt, St. Kunibert, St. Severin in der Südstadt und St. Maria im Kapitol.

Standort: St. Georg: Georgsplatz 17 • **Wie kommt man hin?** Linie 18 Poststraße oder Linie 5 Heumarkt

ABENTEUER

46. Klettere auf der Hohenzollernbrücke.

Die imposante Hohenzollernbrücke ist eine Eisenbahnbrücke, die den Kölner Hauptbahnhof mit dem Deutzer Bahnhof direkt neben dem Gelände der KölnMesse und der Lanxess Arena verbindet. Das Bauwerk in seiner ursprünglichen Form, mit zwei Eisenbahn- und einer Straßenbrücke gibt es nicht mehr. Heute steht nur noch die Eisenbahnbrücke mit einem Fußweg, auf dem man auf die andere Rheinseite gelangt. Entlang des Weges sind an den Gittern unzählige Liebesschlösschen befestigt. Gelangt man zum Brückenkopf auf der rechten Rheinseite, wird man von einer großen Reiterstatue begrüßt. Am Brückenkopf gibt es Treppen, die zur Rheinpromenade führen. Genau dieser Brückenkopf bietet aber eine tolle Besonderheit. Ganz nach dem Motto »Wo ein Wille ist, ist auch ein Weg« kann man an dieser Kölner Brücke die eigenen Kletterkünste ausprobieren. Einzige Voraussetzung ist, dass man sich im Internet in die Liste des Deutschen Alpenvereins einträgt und mit

Klettern an der Hohenzollernbrücke

einem Klick die Regeln bestätigt. Klettern an der Hohenzollernbrücke ist ein einzigartiges Erlebnis, da die Wände aus Muschelkalk bestehen und man am einzigen Naturfelsen mitten in Köln klettert. Beim bezwingen des Brückenkopfs gibt es eine unbeschreibliche Aussicht auf das Brückenbollwerk, die Kölner Altstadt und den Kölner Dom.

Standort: Hohenzollernbrücke, Rheinstromkilometer 688,5 • **Anmeldung**: www.dav-koeln.de • **Wie kommt man hin?** U3/4 Deutzer Freiheit, dann zu Fuß über die Hohenzollernbrücke

LAND & LEUTE

47. Feiere die Party deines Lebens.

Kölner Karneval – eine ganze Stadt im Ausnahmezustand: Es geht gar nicht anders! Entweder meidet man in dieser Zeit die Stadt oder man feiert ausgelassen mit, wenn die Jecken die Straßen unsicher machen. Von der Altstadt über das Friesenviertel bis zur Südstadt wird »Fastelovend« ausgelassen gefeiert. Der Kölner Karneval ist das bekannteste und größte Karnevalsspektakel weltweit. Nur in Köln sieht man nachts um 4 Uhr einen Kerl mit einem pinkfarbenen Kleid, auf dem Kopf ein Silberkrönchen, eine Kippe im Mundwinkel und ein Bierchen in der Hand durch die Straßen radeln. Bei den Kostümen gibt es kein Wenn und Aber. Das bunte Treiben, der sogenannte Straßenkarneval beginnt an Weiberfastnacht (Donnerstag) mit einem großen Spektakel sowie Livemusik auf dem Alter Markt und endet am Aschermittwoch

Er will heute noch so richtig Spaß haben

mit dem traditionellen Fischessen. Neben den Schull- und Veedelszüch am Sonntag gehen nicht nur Kölner zum berühmten Rosemontagszug. Auch die einzelnen Stadtviertel in Köln haben ihre eigenen kleinen Umzüge. Eine besondere Tradition gibt es in der Nacht von Veilchendienstag auf Aschermittwoch zu erleben, wenn der Nubbel verbrannt wird. Er hält als Sündenbock für alle Verfehlungen an Karneval her und wird symbolisch für die Schadtaten zu Grabe getragen. Unbedingt dabei sein sollte man an Karneval auf der Züplicher Straße, natürlich mit Verkleidung, da man sonst nach nicht einmal fünf Minuten ein Herz ins Gesicht gemalt bekommt und mindestens mit Luftschlangen ausgestattet ist. »Kölle Alaaf!« ist der Schlachtruf, auf gar keinen Fall Helau! Denn das nimmt der Kölner sehr übel!

Standort: überall in der Innenstadt • **Info:** www.kleiner-kalender.de • **Wie kommt man hin?** Linie 3/4 Friesenplatz, Linie 9 Hermeskeiler Platz/Zülpicher Straße

48. Entdecke aufregendes Design und junge Kunst.

KULTUR

Wem ausgefallenes Design und Kunst gefällt, der kommt am Design Parcour, der zeitgleich mit der Kölner Möbel-Messe im Januar stattfindet, nicht vorbei. Die Kunst- und Designobjekte werden in Kölner Showrooms, Museen, Galerien und Hochschulen ausgestellt. Geboten wird ein abwechslungsreiches, spannendes Programm. Köln ist zu diesem Zeitpunkt der Treffpunkt der internationalen Künstler- und Designerszene. Die Ausstellungen zeichnen sich durch ihren einzigartigen Happening-Charakter aus. Es gibt Shows internationaler Kulturinstitute sowie Museen, die das Rahmenprogramm bereichern. Bei freiem Eintritt hat man die Möglichkeit, auf eine besondere Entdeckungsreise zu gehen. Gezeigt werden Installationen und Möbeldesign. Die unterschiedlichen Ausstellungen findet man in ganz Köln verteilt, angefangen von der Innenstadt bis hin nach Ehrenfeld.

Standort: Heliosstr. 35-37 • **Wie kommt man hin?** Linie 5 Körnerstraße, RE1/S19 Bahnhof Ehrenfeld, Linie 3/4 Heliosstraße

LAND & LEUTE

49. Lerne kölsche Gassenhauer.

Die Gaffel Brauerei schaut auf eine lange Geschichte zurück. Wie alle Kölsch Brauereien hat auch Gaffel in Köln Brauhäuser, einest direkt am Kölner Dom am Bahnhofvorplatz. Es liegt in einem alten, denkmalgeschützten Gebäude, im traditionsreichen Deichmannhaus. Jeden Freitag ab 22.30 Uhr kann man im Gaffel am Dom ein Mitsingkonzert besuchen. Bei einem köstlichen Kölsch löst sich schnell die Zunge, sodass selbst Besucher, die der kölschen Sprache nicht mächtig sind, die Lieder lauthals mitsingen. Das Repertoire reicht dabei von Gassenhauern bis zu bekannten Liedern von Brings, Cat Balou und Co. aus dem Kölner Karneval. Ist man noch nicht textsicher, gibt es ein Heft mit allen Liedtexten an die Hand.

Standort: Bahnhofvorplatz 1 • **Wie kommt man hin?** Linie 5/16/18 oder S11/12 Köln Hauptbahnhof

50. Erlebe den Kunstsonntag in der Wachsfabrik.

KULTUR

Zwischen Rodenkirchen, Hahnenwald und Sürth liegt das Gelände der Wachsfabrik, die 1812 von Henkel zur Herstellung von Bleich- und Waschmittel gebaut wurde. Im Laufe der Jahrzehnte war sie auch Pulver- und Munitionsfabrik, Likör- und Schnapsfabrik, dann wieder Munitionsfabrik und schließlich Wachsfabrik. In einem Teil dieser alten Fabrik entstand mittlerweile ein Kunstzentrum, in dem sich die freie Kölner Kunstszene ansiedelte, Ateliers und ein Kunst-Café eröffnet wurde. Eine Institution auf dem Gelände, ist der sogenannte Kunstsonntag, an dem wechselnde Ateliers ihre Türen für Kunstinteressierte öffnen. Neben den Kunstausstellungen gibt es auch kulturelle Veranstaltungen wie Theater- und Tanzaufführungen oder Videoinstallationen, die im Café der Wachsfabrik Café gezeigt werden.

Standort: Kunstzentrum Wachsfabrik, Industriestr. 170 • **Info:** www.kölner-wachsfabrik.de • **Wie kommt man hin?** Linie 16 Sürth Bahnhof plus 11 Minuten Fußweg

51. Amüsiere dich im Kwartier Latäng.

LAND & LEUTE

Das Kwartier Latäng zwischen Lindenstraße und Eifelplatz ist das Viertel in Köln, in dem sprichwörtlich der Baum und einmal im Jahr der Nubbel brennt. Hier ist immer etwas los. Das Amüsier- und Studentenviertel ist stets gerammelt voll, sodass nachts auf kaum ein

Amüsement ist im Kwartier Latäng garantiert

Durchkommen ist. Denn gefeiert wird nicht nur in den Lokalen, sondern auch ausgiebig auf der Straße. Trotz teurer Mieten wohnen hier sehr viele Studenten, die die nächtliche Unruhe eher gelassen hinnehmen oder selber ausgelassen mitfeiern. Im Kwartier Latäng wohnen aber auch noch echte Kölner, die schon ewig hier leben. Das Angebot an Lokalen ist riesig. Vor allem um die Zülpicher Straße sind Imbisse, Bars, Kneipen, Clubs bis hin zu Restaurants auf engsten Raum versammelt. Tagsüber zeigt sich das Viertel dagegen von einer ganz anderen Seite. Ganz entspannt kann man hier shoppen, genüsslich Kaffee trinken, auf dem schönen Rathenauplatz Boule spielen oder mit Einheimischen ins Gespräch kommen. Die Studenten verleihen dem Stadtteil ein junges, urbanes Flair, das gepaart ist mit einer entspannten irgendwie südländischen Gelassenheit, die der Studentenalltag mit sich bringt.

Standort: Eifelplatz • **Wie kommt man hin?** Linie 5 bis Eifelstraße, Linie 12/16 bis Eifelplatz

52. Schmöker in einem Buch im Café Goldmund.

FREIZEIT

An einem verregneten Tag in Köln ist das Literaturcafé Goldmund in Ehrenfeld a place to be, um in gemütlicher Atmosphäre zu verweilen und in einem Buch zu schmökern. Dabei ist das Goldmund nicht nur Café, sondern gleichzeitig ein Antiquariat für fremdsprachige Reiseliteratur und Bücher. Im Bereich englischer Literatur quellen die Regale bereits über. Aber auch andere Sprachen wie französisch sind zu finden. Einen Bereich ist ausschließlich für Bookcrossing-Bücher reserviert. Hier können Bücher kostenlos mitgenommen werden. Ein zusätzliches Highlight sind diverse literarische Veranstaltungen. Geboten werden Lesungen, Stammtische in französischer, italienischer, spanischer und tschechischer Sprache, oder aber Konzerte.

Standort: Glasstraße 2 • **Info:** www.goldmundkoeln.de • **Wie kommt man hin?** Linie 5 bis Liebigstraße oder S 19 bis Ehrenfeld

FAMILIE

53. Streichle Rehe im Lindenthaler Tierpark.

Im Kölner Stadtwald gibt es nicht nur alten Baumbestand und große Wiesenflächen, sondern auch einen beschaulichen Tierpark, in dem man scheuen Tieren sehr nahe kommt und sie sogar streichen kann. Die Stars des Wildgeheges sind das Damwild. Es ist an Menschen gewöhnt und verschmäht daher das Futter aus der Hand der Besucher nicht. Es gibt aber auch noch allerlei andere Bewohner, die sich im Tierpark wohlfühlen. Schafe, Ziegen, Esel, Enten, Schwäne und weiteres Federvieh sowie imposante Hochlandrinder wohnen im Kölner Stadtwald. In den großen Gehegen können sich die Tiere frei bewegen. Wenn ihnen die Besucher zu viel werden, ziehen sie sich an einen stilleren Ort am Rande des Geheges zurück. An Tagen, wo nicht so viel los ist, verlassen die Tiere auch gerne einmal ihren Bereich und spazieren über den befestigten Weg der Besucher. Futter für die Tiere gibt es für wenig Geld an den aufgestellten Automaten, die überall im Park zu finden sind. In der Umge-

Rehe streicheln im Lindenthaler Tierpark

Auf ins quirlige Belgische Viertel

bung des Tierparks gibt es schöne Stellen zum Verweilen. Die großen Wiesenflächen laden zu einem Picknick ein. Bei einem Spaziergang ist man auch schnell an Decksteiner Weiher. Wer möchte, kann sich dort ein Tretboot ausleihen und die Natur vom Wasser aus genießen. Der Lindenthaler Tierpark ist das ganze Jahr über kostenfrei für jedermann geöffnet.

Standort: Kitschburger Straße in Köln-Lindenthal • **Infos und Öffnungszeiten:** www.lindenthaler-tierpark.de • **Wie kommt man hin?** Linie 1 bis Maarweg oder Linie 7 bis Kitschburger Straße

LAND & LEUTE

54. Erkunde das Belgische Viertel.

Im Frühjahr und Anfang des Sommers darf man zwei einzigartige Events im Belgischen Viertel nicht verpassen. Neben der »Le Tour Belgique«, bei der Kunst und Musik im Vordergrund stehen, verwandelt sich das Belgische Viertel kurze Zeit später unter dem Motto »LeBloc« in einen Treffpunkt heimischer und internationaler Designer, Künstler und Kreative. Jedes Jahr gibt es ein wechselndes, spannendes Programm. Geboten werden Konzerte, Ausstellungen, Workshops, Werkstattführungen und tolle Partys auf den Straßen und dem Brüsseler Platz. Ein besonderes Highlight des Design- und Straßenfestes sind die Modenschauen in einzigartigen Location. So gab es bei vergangenen Veranstaltungen einen Laufsteg in der St. Michael Kirche auf dem Brüsseler Platz. Nicht nur Kölner Designer, sondern auch Designer aus den Nachbarländern präsentieren hier ihre Kreationen. Was natürlich nicht fehlen darf, ist ein Flohmarkt mit tollen Designerstücken und Köstlichkeiten, die den Gaumen erfreuen.

Standort: Brüsseler Straße/Brüsseler Platz • **Info:** www.lebloc.de • **Wie kommt man hin?** Linie 5 bis Friesenplatz

55. Sei beim Skatejam an der Lohserampe dabei.

SPORT

Die Loserampe im Grüngürtel liegt im Stadtteil Nippes an der Neusser Straße, Ecke Innere Kanalstraße. Die Skateanlage liegt in einem kleinen, eigenen Tal und ist von grasbewachsenen Flächen umgeben. Fahren kann auf der öffentlichen Anlage jeder. Die Rampe hat eine Größe von 28 Meter Länge sowie 18 Meter Breite und ist Anziehungspunkt der Skater- und BMX-Szene. In unregelmäßigen Abständen finden hier immer wieder Events, Veranstaltungen und fette Partys statt. Beim Skatejam zeigen beispielsweise Skater aus Köln und dem Umland ihr Können. Bei den anschließenden kostenlosen Partys kommen unterschiedliche Musikrichtungen auf den Plattenteller. Doch selbst, wenn kein Event ansteht, lohnt der Besuch der Lohserampe. Hier erlebet man Faszination des Skatens hautnah.

Standort: Neusser Straße/Innere Kanalstraße • **Infos zu Partys und Veranstaltungen:** www.lohserampe.de • **Wie kommt man hin?** Linie 5 Friesenplatz oder Linie 15 Lohsestraße

KULTUR

56. Entdecke japanische Kunst- und Kulturwelten.

In ganz Europa gibt es nur drei japanische Kulturinstitute. Eines davon befindet sich in Köln in der Universitätsstraße 98. Zusammen mit dem Museum für Ostasiatische Kunst am Aachener Weiher erwartet den Besucher hier ein einzigartiges Gebäudeensemble, das traditionelle und moderne japanische Architekturformen vereint. Das Institut hat die Aufgabe, die japanische Kultur im deutschsprachigen Raum zu vermitteln. Regelmäßig finden daher unterschiedliche Veranstaltungen statt. Dazu gehören Ausstellungen zeitgenössischer und traditioneller japanischer Kunst sowie Konzerte und Bühnenaufführungen mit Japanbezug. Dank der aktiven japanischen Jugendkultur finden hier aber auch aktuelle Pop-, Rock- und Jazzprojekte statt. Ebenso interessant sind Lesungen und Vorträge, auf denen klassische und neuere Werke der japanischen Literatur und Dichtungen vorgestellt werden. Themen aus den Bereichen der Geistes- und Gesellschaftswissenschaften, die Probleme in Japan und Deutschland aufgreifen, werden in Vorträgen und Symposien behandelt. Darüber hinaus bietet das Institut alle zwei Wochen Filmabende, auf denen Meisterwerke des japanischen Kinos vorgestellt werden. Im japanischen Kulturinstitut kann man in die japanische Kultur eintauchen und bei Veranstaltungen wie dem Sommerfest hautnah erleben.

Standort: Universitätsstraße 98 • **Info:** www.jki.de • **Wie kommt man hin?** Linie 1 bis Aachener Straße/ Universitätsstraße

57. Finde berühmte Gräber auf dem Melatenfriedhof.

BESONDERE ORTE

Kölns luxuriösesten Begräbnisstätten befinden sich auf der Millionenallee des Melatenfriedhofs, auf dem man auf zahlreiche pompöse und kostspielige Gräber stößt. Wer genau hinschaut, wird Figuren des berühmten Hänneschentheaters sowie Tünnes und Schäl am Grab von Christoph Winter, ihrem Erfinder, entdecken. Die Ost-West-Achse des Melatenfriedhofs beherbergt die monumentalsten, teuersten Gräber von prominenten Kölnern. Im Volksmund wird sie Millionenallee genannt. Die Mausoleen und terrassenartigen Flächen sind von Kölner Familiendynastien angelegt. Auf dem Friedhof finden sich zum Beispiel die Grabstätte der Schauspielerfamilie Millowitsch, der Bankiersfamilie von Oppenheim oder das Grab des Erfinders des Otto-

Berühmte Gräber auf dem Melatenfriedhof

motors, Nicolaus August Otto. Prominente aus der jüngeren Zeit liegen hier ebenfalls begraben. Etwa der FDP-Politiker Guido Westerwelle oder Moderator Dirk Bach.

Standort: Aachener Straße • **Wie kommt man hin?** Linie 1 bis Melatenfriedhof

Freizeit

58. Erkunde mit dem Rad das ländliche Deutz.

Kölns vollkommen unterschiedliche Facetten kann man vor allem bei verschiedenen Radtouren erleben. Sie führen aus dem urbanen Stadtleben hinaus und bringen einen in unbeschreibliche Landschaften, die nur wenige Kilometer vom Stadtzentrum entfernt liegen. Die Rundstrecke »Deutz und sein Land« etwa schlängelt sich auf 26 Kilometern durch die Großstadt und führt zu grünen Wiesen und Wäldern. Gestartet wird die Tour am Bahnhof Köln Messe/Deutz und führt auf der rechten Rheinseite durch das Gremberger Wäldchen, die Merheimer Heide, unterschiedliche »Veedel« – also Stadtviertel –, vorbei an Schrebergärten, am preußischen Fort X, dem historischen Ortskern von Merheim, bis hin zum ehemaligen bergischen Rittergut Isenburg und dem Mülheimer Stadtgarten. Weiter geht es dann vom Rhein aus in Richtung Mülheimer Hafen bis zum Rheinpark. Diese einzigartige Anlage direkt am Ufer des Rheins verfügt über üppig angelegte Beete, kleine Buchten, Wasserspiele und bietet viel Raum zur Erholung oder für ein schönes Picknick. Kaum hat man den Park verlassen, erwarten einen die alten Messehallen mit imposanten Fassaden. Nicht weit entfernt liegt die neu angelegte, 500 Meter lange Freitreppe, der sogenannte Rheinboulevard. Die Treppe ist ein toller Platz, um den Blick auf den Kölner Dom, die Hohenzollernbrücke und die Altstadt im Sonnenuntergang zu genießen und anschließend an den Startpunkt der Tour zurückzukehren. Verschiedene Radtouren lassen sich unkompliziert und schnell mit dem Rad-Tourenplaner unter www.koeln.de erstellen.

Startpunkt: Bahnhof Köln Messe/Deutz • **Wie kommt man hin?** S12 Bahnhof Köln Messe/Deutz, Linie 3/4 Deutzer Freiheit

59. Bewundere die »Zitruspresse« St. Engelbert.

BESONDERE ORTE

Zwischen dem Wiederaufbau des zerstörten Köln nach dem Zweiten Weltkrieg bis heute entstand in der Stadt eine kaum überschaubare Zahl an innovativen Architekturprojekten, gerade bei der Erschließung von neuen Stadtquartieren. Eine einzigartige Kirche steht beispielsweise im Stadtteil Riehl. Sie wurde vom Architekten Domenikus Böhm entworfen und trägt den liebvollen Namen »Zitruspresse«. Offiziell nennt sich die Kirche St. Engelbert. Der monumentale Charakter der modernen Kirchenarchitektur wird durch den freistehenden Turm und die breite Treppe zum Eingangsportal unterstrichen. Das eigentliche Kirchengebäude ist ein kreisförmiger Zentralbau, dessen Wände in Form von Parabeln gestaltet sind, die sich innen und außen wiederholen. Um den erhöhten Altarraum stehen leicht gewölbte Bänke, die eine besondere Nähe zum Altarbereich und zur Gemeinde herstellen. Durch das große, seitliche Fenster kommt viel Licht in den Altarraum. Licht war für Böhm auch ein bewusster Baustoff. Die drei Eingangstüren aus Kupfer stammen von Leonard Karl. Bei einem Blick zur Kuppel fallen die sechs runden Glasfenster von Anton Wendling auf, die die Lichtführung nach Ansicht Böhms vervollständigen. Die ursprüngliche Kanzel, auf der Kardinal Frings 1946 seine berühmte Silvesteransprache hielt, überragt den Altarraum imposant, ebenso wie die Orgelempore im hinteren Teil des Raumes.

Standort: Riehler Gürtel/Garthestraße • **Öffnungszeiten und Info:** www.sankt-engelbert-und-sankt-bonifatius.de/unsere-kirchen/st-engelbert • **Wie kommt man hin?** Linie 16/18 bis Riehler Gürtel

Moderne Architektur: die »Zitronenpresse«

60. Umarme einen Mammutbaum.

FREIZEIT

Auch im Kölner Süden, im Stadtteil Rodenkirchen, gibt es auf einer Fläche von gut 25 Hektar ein tolles botanisches Angebot. Der Forstbotanische Garten besteht seit 1964 und bietet mehr als 3.000 Gehölzarten sowie eine große Vielfalt an ausländischen Gewächsen, darunter Flusszedern und gewaltige Mammutbäume. Besonders reizvoll gestaltet sich der japanische Bereich, in dem unzählige Azaleen, Kirschbäume und Pfingstrosen blühen. Die Schlucht aus Rhododendron erinnert an die militärische Vergangenheit der Parkanlage, die zum äußeren Festungsring Kölns gehörte und als Stützpunkt der Infanterie diente. Nach der Schleifung der Anlage wurden die Ruinen in die Bepflanzung des Forstbotanischen Gartens integriert. Südlich angrenzend befindet sich der Friedenswald. Hier steht, stellvertretend für jede diplomatische Beziehung, die Deutschland hat, eine Pflanze aus den entsprechenden Ländern. Bei einer kostenlosen Führung durch den Forstbotanischen Garten erhält man Einblicke in die Vielfalt der Baumarten und Tierwelt, genauso wie Tipps zur Pflanzung und Pflege von Gehölz. Neben einigen Wildtieren sind auch Pfauen im Forstbotanischen Garten zu finden, die eindrucksvoll ihre Schanzfedern aufstellen und um die Gunst der Pfauendamen werben. Die kostenlosen Führungen finden jeden ersten Mittwoch im Monat um 14.30 Uhr sowie jeden dritten Samstag um 15 Uhr statt und starten am Unterstellpilz im Zentrum des Forstbotanischen Gartens.

Majes-
tätischer
Mammutbaum
in der Flora

Standort: Schillingsrotter Str. 100 • **Öffnungszeiten:** Januar/Februar/November/Dezember 9-16 Uhr, März/September/Oktober 9-18 Uhr, April bis August 9-20 Uhr • **Wie kommt man hin?** Linie 16 bis Siegstraße oder Buslinie 131/135 bis Konrad-Adenauer-Straße/Schillingsroter Straße

61. Genieß die Einsamkeit in der Dellbrücker Heide.

FREIZEIT

Im Norden des Kölner Stadtteils Dellbrück liegt ein kleines, feines Naturschutzgebiet, die Dellbrücker Heide. Durch ihre geringe Größe ist sie eher etwas für einen kurzen Spaziergang, würden sich nicht direkt im Anschluss daran der Höhenfelder See, der Dünnwald mit seinem Wildtierpark und weitere Naherholungsgebiete

Die Einsamkeit in der Dellbrücker Heide

befinden. Die unterschiedliche Flora fügt sich wundervoll zusammen und ermöglicht tolle Spaziergänge oder Radtouren. Wer von der Haltestelle Dellbrück startet, gelangt quasi direkt zum Eingang der Dellbrücker Heide. Die mit Betonblöcken gepflasterte Straße zeugt noch von der früheren militärischen Nutzung des Geländes. Ein schöner Abstecher führt den Spaziergänger zu einem kleinen Heideteich, wo man den Artenreichtum bestaunen kann. Zurück auf dem Hauptweg gelangt man zum Höhenfelder See. Wer des Laufens müde ist, umrundet den See halb und gelangt über den Kiesweg zur Buslinie 154, die einen zurück zur S Bahn-Haltestelle bringt. Mit Fotopausen benötigt man für diese Strecke rund 90 Minuten. Mehr Natur erlebt man, wenn man den Schildern durch den Dünnwalder Forst bis zum Wildtierpark nach Osten oder Richtung Bechsiefen und Odenthal folgt. Je nachdem, wie weit man läuft oder radelt, ergibt sich eine tolle Tagestour in einer wundervollen, abwechslungsreichen Landschaft.

Standort: Köln-Dellbrück • **Info:** www.dellbrueckerheide.net • **Wie kommt man hin?** S 11 oder Linie 18 bis Dellbrücker-Heide

ABENTEUER

62. Reise in den Freistaat Odonien.

Odonien ist eine einzigartige Symbiose aus Werkstatt, Freiluftatelier, Kulturzentrum und Veranstaltungsort, erschaffen vom Künstler Odo Rumpf. Auf dem Gelände mitten in Ehrenfeld, zwischen Europas größtem Eroscenter und Eisenbahntrassen gelegen, treffen Improvi-

Willkommen im kreativen Freistaat Odonien

sationskunst und Industriekultur aufeinander. Rumpfs Idee war, einen Freistaat ohne gesellschaftliche Grenzen und Abhängigkeiten zu schaffen, in dem Künstler wohnen und sich frei entfalten können. Heute findet in Odonien ein reger kultureller Austausch statt. Der »Freistaat« in der Stadt ist für jedermann zugänglich und bietet neben künstlerischen und sozialen Projekten auch Partys und Konzerte. Kunst, Kultur, Flohmarkt, Rock oder Rave, sommerliches Open-Air Kino und Festivals fügen sich zu einem ausgewogenen Ganzen. Im üppig bepflanzen Biergarten kann man in die spektakuläre, skurrile Atmosphäre eintauchen, Rumpfs selbst geschaffene Möbelstücke, Feuerinstallationen und Wasserspiele bestaunen und in einer einzigartigen Idylle die Seele baumeln lassen. Wer das weitläufige Gelände durchstreift, trifft garantiert auf interessante Menschen.

Standort: Hornstr. 85 • **Info:** www.odonien.de • **Wie kommt man hin?** S6/11 und Linie 18 bis Nippes

Kultur

63. Lausche der Orgel im Kölner Dom

Der Kölner Dom, das Wahrzeichen Kölns, ist nicht unbedingt ein Ort der Ruhe, den man sich normalerweise unter einer Kirche vorstellt. Viele Touristen durchstreifen die Kathedrale, um das einzigartige Bauwerk mit seinen wundervoll gestalteten Fenstern, dem

Die Schwalbennestorgel im Kölner Dom

Dreikönigsschrein und der Schatzkammer zu besuchen. Der einzige Zeitpunkt für innere Einkehr ist während der Messen und Andachten. Dann verhindern die Schweitzer, wie die Domwächter genannt werden, das touristische Treiben. Die besondere Atmosphäre des Doms und die einzigartige Akustik lassen sich auch sehr gut bei einem Orgelkonzert erleben. Es gibt zwei Konzertreihen, die im Dom angeboten werden. Erstens eine Chorkonzertreihe, die zwischen September und Juni zwölfmal im Jahr am Dreikönigsschrein stattfindet. Zweitens die Orgelfeierstunden in den Sommermonaten. Dargeboten wird die Dommusik vom Gürzenich Orchester, dem Onzemble Coeln, sowie von verschiedenen Kölner Chören. Beide Konzertreihen finanzieren sich ausschließlich durch Spenden.

Standort: Domkloster 4 Programm • **Info:** www.koelner-dommusik.de • **Wie kommt man hin?** Linie 5/16/18 oder S11/12 Köln Hauptbahnhof

64. Mach einen Salsa-Tanzkurz im Petit Prince.

KULTUR

Von Köln nach Lateinamerika in zwei Minuten. Wer das Petit Prince auf dem Hohenzollernring betritt, fühlt sich sofort in eine andere Welt versetzt. Immer donnerstags treffen sich Tanzbegeisterte zu einer ganz besonderen Party. Auf der »La Pena Salsera« wird Salsa, Mambo, Merengue, Timba und Bachata getanzt. An den Turntables legt DJ Fabio genau die richtige Musik auf. Nur den tanzenden Paaren zuschauen gilt nicht. Wer möchte, kann im Petit Prince einen kostenlosen Tanzkurs machen. Der Tanzlehrer Movimiento Loco zeigt ab 21.15 Uhr jedem die unterschiedlichen Tanzschritte und wie man sich richtig zur Musik bewegt. Doch das allerbeste an dieser tollen Party ist der freie Eintritt für alle zwischen 21 und 22 Uhr und die Happy Hour bis 22.30 Uhr. Wer Salsa lernen möchte, ist am Donnerstag im Petit Prince genau richtig. Und ein Tanzpartner ist auch immer schnell gefunden.

Standort: Hohenzollernring 90 • **Wie kommt man hin?** Linie 5 Friesenplatz

BESONDERE ORTE

65. Strecke dem Platzjabbeck die Zunge raus.

Dem Besucher des historischen Kölner Rathauses fällt zuerst der markante Renaissance-Vorbau des Baumeisters Wilhelm Vernukken auf, der 1569 anstelle der baufälligen, mittelalterlichen Vorhalle vor dem Rathaus entstand. Die »Laube«, wie die Kölner den prachtvollen Bau liebevoll bezeichnen, galt in ihrer Zeit als wichtiges Symbol für das neue Selbstbewusstsein der freien Bürgerschaft. Ebenfalls nicht zu übersehen ist der mächtige Rathausturm, der von den Zünften als Zeichen der Stadtherrschaft am historischen Rathaus errichtet wurde. Mit einer Höhe von 61 Metern und fünf Stockwerken war er das erste Hochhaus in Köln. Den Turm ziert eine große Uhr. Direkt darunter befindet sich das Kölner Symbol für ein allzu großspuriges Selbstbewusstsein. Bei dem gruseligen Kerl mit Schlapphut handelt es sich um den

Platzjabbeck. Über ihn kursieren verschiedene kuriose Geschichten. In einer heißt es, dass der Platzjabbeck, der zu jeder vollen Stunde die Zunge herausstreckt, den Rat der Stadt Köln verspottet. Geschichtshistorisch ist aber belegt, dass der Rat 1445 die Rechnung für den Platzjabbeck bezahlt hat. Das passt also nicht ganz zusammen. Die Fratze mit dem Schlapphut, aufgerissenem Mund und wildem Bart steht vielmehr für den Sieg der Gaffeln und Zünfte über die Patrizierherrschaft. In Verbindung mit einer Altstadttour oder einem Besuch auf dem Weihnachtsmarkt alter Markt kann der Platzjabbeck zu jeder vollen Stunde in Aktion bestaunt werden.

Standort: alter Markt, Ostseite Rathausturm • **Wie kommt man hin?** Linie 1/7/9/132/133 bis Heumarkt oder Linie 5 bis Alter Markt/Rathaus

66. Mach ein Picknick an der Köln-Riviera.

FREIZEIT

Man mag es kaum glauben, aber Köln hat direkt am Rhein eine eigene Riviera, die im Sommer bei Niedrigwasser ein idealer Platz für ein Picknick ist. In den Rheinbögen zwischen Sürth, Rodenkirchen und Deutz gibt es, versteckt hinter Büschen und Sträuchern, herrliche Natursandstrände, auf denen Picknickfans und Sonnenanbeter einen entspannten Tag erleben können. Die mittlerweile übliche Strandkultur mit Beach-Bars und Musik wird man hier vergebens suchen. Der Sand wurde auch nicht mühevoll mit Lastwagen herangekarrt. Vater Rhein hat diesen ganz allein auf seinem langen Weg mitgebracht und an die Ufer der Köln-Riviera

gespült. Am Ufer lassen sich spannende Entdeckungen machen. Treibgut, schöne Steine und sogar Muscheln sind zu finden. Das Strandvergnügen sollte allerdings nicht zum Baden im Rhein verleiten, denn die viel befahrene Wasserstraße ihre Tücken. Neben einer starken Strömung gibt es gefährliche Strudel. Daher ist das Schwimmen auch offiziell verboten. Für eine Abkühlung kann man direkt in Ufernähe die Füße ins Rheinwasser stellen und sich erfrischen.

Standort: Rheinstrand Rodenkirchen, Uferstraße • **Wie kommt man hin?** Linie 16 bis Rodenkirchen Bahnhof

67. Lass einen Drachen auf den Poller Wiesen steigen.

FREIZEIT

Ein ganz besonderes Fleckchen in Köln sind die Poller Wiesen am Rheinufer in Poll an der Südbrücke, unterhalb des DLRG Clubhauses. Von diesem Ort aus hat man einen schönen Blick auf das Zentrum und kann der Großstadthektik entfliehen. Die Poller Wiesen sind ein Landschaftsschutzgebiet, offen und vor allen Dingen unbebaut, was man in Köln entlang des Rheins nur noch an sehr wenigen Stellen findet. Aus diesem Grund erfreut sich diese Grünfläche einer großen Beliebtheit. Hier ist der ideale Platz um Sonne zu tanken, zu picknicken oder abends gemeinsam mit Freunden zu grillen. Schäfer lassen auch hin und wieder ihre Schafe hier grasen. Im Herbst schweben über den Poller Wiesen dage-

Schafe, die auf den Poller Wiesen grasen

gen bunte Drachen in allen Formen und Größen. So gibt es große Einleiner in bunten Farben, die heroisch in der Luft stehen, oder aber Lenkdrachen, mit denen Kunstflugmanöver durchgeführt werden. Vor allem an jedem 1. Sonntag im Monat sieht man zahlreiche Drachen im Himmel. Dann nämlich treffen sich die Mitglieder des Vereins Drachenfreunde Köln. Die Profis geben Anfängern gerne Tipps zu Flugtechniken und zum Drachenbau.

Standort: Alfred-Schütte-Allee 165 • **Wie kommt man hin?** S13 bis Deutzer Bahnhof/Bus 159 bis Alfred-Schütte-Allee

KULTUR

68. Entdecke das preußische Köln.

Bei einer Fahrradtour durch den äußeren Grüngürtel gibt es viele Überbleibsel des preußischen Kölns zu entdecken, da der sogenannte Stadtwald auf dem ehemaligen preußischen Festungsgürtel um Köln angelegt wurde. Realisiert wurde diese grüne Lunge von Konrad Adenauer und dem Gartenarchitekten Fritz Encke. Seine Pläne integrierten die ehemaligen Bauwerke aus der Preußenzeit nach ihrer Schleifung in das neue Nutzungskonzept. Ziel war es, dieses Gebiet weitestgehend als Naherholungsgebiet und Sportfläche nutzbar zu machen. Durch die Integration der Ruinen und Gebäude sind auf diese Weise »Grüne Forts« entstanden, die es in dieser Art nirgends gibt. Ausgangspunkt der Tour durch den äußeren Grüngürtel ist die Stadtbahnhaltestelle »Heinrich-Lübke-Ufer«. Entlang der Militärringstraße

Perfekter Platz fürs Drachensteigen

Die preußische Vergangenheit in Köln

geht es dann vorbei am Zwischenwerk VIII und Fort VIII bis zum Bonner Verteiler. Von hier aus geht es zum Radethaler Volkspark, mit seinen markanten Erdwällen. Auf der Brühler Straße befindet sich das Haus Belvedere. Nun geht es weiter in Richtung Rheinenergie Station, um zum Fort VII zu gelangen, wovon noch das Kehlhaus steht. Weitere Stationen sind: Zwischenwerk, Fort VI, Felsengarten, Decksteiner Weiher, Arboretum, Fort V, Zwischenwerk V, Fort IV und das ehemaligen Fort III bis man schließlich zurück zum Ausgangspunkt gelangt. Auf der gesamten Tour wird man von altem Waldbestand begleitet. Wer noch nicht genug vom Radfahren hat, findet weitere Routenvorschläge in der »Mein Grüngürtel Rundweg-App« für iPhone und Android.

Startpunkt: S-Bahnhof Köln-Longerich, 24 Kilometer Fahrstrecke, perfekt für Montainbikes • **Info:** http://www.stadt-koeln.de/leben-in-koeln/freizeit-natur-sport/ferien-freizeit/radtouren-und-um-koeln • **Wie kommt man hin?** S11 Longerich/Bahnhof

Freizeit

69. Fahre den Rhein-Rundweg entlang.

Es gibt viele Möglichkeiten, Köln mit dem Fahrrad zu erkunden. Zu den Klassiker-Touren gehört der Rundweg entlang des links- und rechtsrheinischen Ufers des Rheins. Der Weg verläuft von der Mülheimer Brücke bis nach Zündorf. Die Strecke führt vorbei an einzigartigen Bauwerken und jeder Menge Natur. Beim Radeln hat man stets den Rhein, berühmte Bauwerke wie den Kölner Dom oder die Kranhäuser im Rheinauhafen im Blick. Praktischerweise beginnt die Tour zudem am Hauptbahnhof. Auf halber Strecke ist die Bastei, ein spektakulärer Rundbau am Rheinufer im expressionistischen Stil. Beim Überqueren der Mülheimer Brücke offenbart sich das einzigartige Stadtpanorama. Rechtsrheinisch geht es südwärts den Strom hinauf über eine schmale Brücke zum Mülheimer Hafenbecken und weiter in Richtung Rheinpark. Jetzt ist ein Drittel der Strecke geschafft. Die Radwege entlang der Poller Wiesen erreicht man über die Drehbrücke im Deutzer Hafen. Durch viel Grün geht die Fahrt weiter durch die Westhovener Aue nach Porz und zum Zündorfer Wehrturm vorbei bis in die Groov. Mit der Fahrradfähre Krokolino kann man für 2 Euro übersetzen und die Radtour fortsetzen. Sie führt über die Breite Uferpromenade ab Rodenkirchen vorbei am Bootshaus »Alte Liebe«, den Kranhäusern, dem Schokoladen- und Sportmuseum zurück zum Hauptbahnhof. Für die 35 Kilometer benötigt man zwischen 3 bis 4 Stunden.

Blickfang am Rhein: die legendären Kranhäuser

Standort/Startpunkt: Rundtour ab Hauptbahnhof • **Info Fähre:** Fahrradfähre an der Groov fährt täglich zwischen 11 und 20 Uhr, an Wochenenden ab 10 Uhr etwa alle 20 Minuten

BESONDERE ORTE

70. Entdecke imposante Industriebauten aus der Gründerzeit.

Auf dem Gelände an der Ohmstraße begann im Jahr 1863 die Geschichte der Zentralen Wasserversorgung der Stadt Köln. Hier wurde das erste Wasserwerk Kölns gebaut. Zehn Jahre später, Im Jahr 1873, kaufte die Stadt Köln Gasfabriken von einem englischen Unternehmen, und siedelten sie ebenfalls hier an. Nach Aufnahme der Stromversorgung im Jahr 1891 gründeten die Stadtväter schließlich die Gas-, Elektrizitäts- und Wasserwerke der Stadt Köln. In den Gebäuden zwischen Ohmstraße, Zugweg und Bonner Wall entstand das erste Elektrizitätswerk der Stadt. Noch heute ist der Industriebau mit seinen zwei Schornsteinen ein eindrucksvolles Fotomotiv. Bei einem Streifzug um das Areal gelangt man zudem in wenigen Schritten in den Volksgarten, der sich entlang des Bonner Walls und der Vorgebirgsstraße erstreckt. Der älteste Park in Köln ist ein wunderbarer Ort zum Entspannen und Erholen, bietet aber auch einige spannende Dinge und alte Ruinen aus längst vergangener Zeit, die es zu entdecken gilt.

Standort: Ohmstraße • **Wie kommt man hin?** Linie 16/18 + 142 Zugweg/Bonner Wall

71. Erlebe den Sonnenuntergang am Rheinstrand in Langel.

BESONDERE ORTE

Der Rhein hat im Kölner Stadtgebiet Langel wunderschöne Ufer zum Erholen, Entspannen und Picknicken geschaffen. Zu dem schönen Uferstreifen gehört auch das Stück Langeler Lido, das zwischen der Gastwirtschaft Strandbad Langel und den letzten Häusern der Frongasse liegt. Selbst an heißen Sommertagen ist der Strand mit feinkörnigem Sand niemals überlaufen ist. Am nur 500 Meter entfernten Kiosk lässt sich bequem

Romantik pur: Sonnenuntergang am Rheinufer

Getränkenachschub oder ein köstliches Eis organisieren. Wer nicht nur am Rhein liegen möchte, kann auch ins Wasser gehen, das durch die vorbeifahrenden Schiffe leichte Wellen an das Ufer werfen. Durch den flachen Uferbereich ist das Baden an dieser Stelle nicht ganz so gefährlich. Nur raus schwimmen sollte man nicht. Angelfreunde können am Langeler Lido ebenfalls ihrer Lieblingsbeschäftigung nachgehen und Brassen, Barben, Karpfen und Rotaugen angeln. Gegen Abend bekommt man hier einen tollen Sonnenuntergang serviert, der ein romantisches Picknick perfekt abrundet.

Standort: Frongasse • **Wie kommt man hin?** S 13/S19/ Buslinie 164/501 bis Porz-Langel

KULTUR

72. Besuche den Skulpturenpark.

Köln ist durch und durch eine Kunststadt, in der sich zahlreiche Kunstobjekte auch für jeden zugänglich unter freiem Himmel finden. Ein besonderes Kleinod ist der Skulpturenpark Köln, der besonders im Frühling einen Besuch wert ist, wenn die Natur aus dem Winterschlaf erwacht. Trotz der zentralen Lage ist der Park sehr ruhig. Früher lag das Areal brach, bis es dem Kunstsammler-Ehepaar Eleonore und Michael Stoffel ins Auge fiel, die hier ihre Vision von Kunst im öffentlichen Raum verwirklichten. Heute ist überall im Park zeitgenössische und avantgardistische Kunst zu finden. Um den Zeitgeist und neue Kunstentwicklungen zu veranschaulichen, wird die Ausstellungen alle drei Jahre überarbeitet und um neue Exponate bereichert.

Moderne Kunst im Skulpturenpark

Standort: Elsa-Brändström-Straße 9, Eingang Riehler Straße • **Öffnungszeiten:** April bis September 10.30-19 Uhr, Oktober bis März 10.30-17 Uhr • **Info:** www.skulpturenparkkoeln.de • **Wie kommt man hin?** Linie 16/18 bis Zoo/Flora

73. Finde Schandmasken und den Kallendresser.

BESONDERE ORTE

Bei einem Spaziergang durch die Kölner Altstadt fallen einem früher oder später steinerne Grimassen an den Häuserwänden auf. Sie haben keine Augen und keinen Unterkiefer. Über diese sogenannten Schandmasken, die auch als Annoköpfe bezeichnet werden, gibt es viele Legenden. In einer heißt es, dass der Erzbischof Anno einer einsamen, alten Witwe aus der Patsche geholfen habe, die für einen Kaufmann viel Geld vorstreckte, an das er sich später nicht mehr erinnern wollte. Die Frau wandte sich mit ihrem Anliegen an Schöffen, die allerdings vom Kaufmann bestochen wurden. Der Erzbischof deckte diesen Schwindel auf, ließ die Schuldigen blenden und Fratzenmasken an ihren Häuserwänden anbringen. Doch die Wahrheit hinter den Schandmasken ist eine andere. Wenn man sich die Grinköpfe in der Giebelspitze der Häuser genauer anschaut, wird man bemerken, dass die Hauer V-förmig zusammenlaufen und sich dazwischen eine Stange befindet. Sie reicht von der Maske bis zu einem Loch in der Wand. Befestigte man ein Seil an ihnen, dienten die Grimassen als simpler Flaschenzug, womit Waren in den Keller transportiert und dort gelagert wurden. Der Kallendresser spielte dagegen schon im Mittelalter eine große Rolle und steht für jemanden, der

Typische Schandmaske an einer Hauswand

seine Notdurft in einer Regenrinne entrichtet. Die bekannteste Skulptur befindet sich an einem Haus am Alten Markt. Sie gilt als Symbol dafür, wie Kölner Bürger echten oder selbsternannten Obrigkeiten ihre Meinung über bestimmte Entscheidungen vermittelten.

Standort: Kölner Altstadt/Alter Markt • **Wie kommt man hin?** Linie 1/7/9/132/133 bis Heumarkt, Linie 5 bis Alter Markt/Rathaus

BESONDERE ORTE

74. Fotografiere die alten Speicherhäuser im Rheinauhafen.

Das Gelände des Rheinauhafens hat einen ganz besonderen Charme, der sich in einer einzigartigen Architektur ausdrückt. Auf der einen Seite befindet sich die Südbrücke, eine Eisenbahnbrücke, auf der regelmäßig Güterzüge fahren. Auf der anderen Seite, nicht weit entfernt, befindet sich die Deutzer Brücke. Das Areal dazwischen wird von der Rheinuferstraße und Rhein begrenzt. Auf diesem kleinen Fleckchen Köln ist nur sehr wenig Grün vorhanden. Vielmehr wird durch einen genialen Architektenstreich alte und moderne Baukunst miteinander vereint. Bei einem Streifzug gibt es wunderschöne alte Speicherhäuser, Zollhäuser, die wie kleine Burgen aussehen und weitere historische Bauten zu entdecken. Daneben stehen die modernen Kranhäuser. Sie bestehen aus drei Gebäuden, die sowohl als Wohnraum, wie auch als Geschäfts- und Büroräume genutzt werden. Ein weiteres architektonisches Erlebnis ist das Schokoladenmuseum

Malerische Kulisse: die alten Speicherhäuser

am Ausläufer des Rheinauhafens Richtung Deutzer Brücke. Bei einem Spaziergang erlebt man hautnah den Spagat, der bei der Gestaltung des Rheinauhafens vollbracht wurde. Es treffen unterschiedliche Baustile aufeinander und wechseln sich in wundervollen Kombinationen ab. Über dem architektonisch wertvollen Ensemble wacht eisern der »Dicke Herkules« ein Hafenkran aus Zeiten der Gründung des Rheinauhafens.

Standort: Rheinuferstraße zwischen Süd- und Deutzer Brücke • **Wie kommt man hin?** Linie 5/18/133 bis Schokoladenmuseum

FAMILIE

75. Tobe im Rheinpark herum.

Zwischen der KölnMesse und dem Mülheimer Hafen, direkt am Rhein, befindet sich der Rheinpark mit einem prächtigen Blick auf die Hohenzollernbrücke und die

Altstadt. Doch der Rheinpark in Deutz ist viel mehr als nur ein Aussichtspunkt, da es einzigartige Attraktionen zu entdecken gibt. Wer den Park zum ersten Mal betritt, wird sich über die Schienen wundern. Sie wurden bereits 1957 anlässlich der ersten Bundesgartenschau in Köln verlegt. Bis heute fährt eine Kleinbahn auf ihnen durch die Parkanlage. Es gibt zudem teilweise skurrile Zugmaschinen zu bestaunen. Die Station der beliebten Rheinseilbahn ist ebenfalls im Park integriert. Einen Besuch wert ist auch der Spielplatz im Park, auf dem sich Kinder wunderbar austoben können.

Standort: Rheinpark, Köln Deutz • **Wie kommt man hin?** S6/S12 bis Bahnhof Deutz 120/150 Thermalbad

Spielplatz für Groß und Klein: der Rheinpark

LAND & LEUTE

76. Entdecke die Schäl Sick.

Mit Schäl Sick wird die »schlechte« oder falsche Seite des Rheins bezeichnet. Hier befinden sich die Stadtteile Mülheim, Kalk, Porz und Deutz. Wobei Deutz durch seine Lage gegenüber dem historischen Altstadtbereich eigentlich kein bisschen schäl ist. Die direkte Verbindung nach Deutz ist die Hohenzollernbrücke, an deren Geländer tausende Liebesschlösser angebracht sind. Die Schäl Sick hat aber noch bedeutend mehr zu bieten. Neben der Lanxess Arena, eine Veranstaltungshalle für Konzerte oder Eishockey, steht hier auch die KölnMesse zwischen Rheinpark und Rheinwiesen, wo jährlich zum Beispiel die ART-Cologne stattfindet. In den Gebäuden der KölnMesse verschmelzen alte Bauten mit moderner Architektur auf eindrucksvolle Weise. Bei einem Streifzug durch Deutz kann man zudem von Denkmalplatz zu Denkmalplatz laufen. Direkt an den alten Messehallen befindet sich ein Denkmalplatz zur Erinnerung an die Opfer der NS-Zeit. Am Kennedyufer vor den Messehallen steht das Sinti und Roma Mahnmal. Ein »Grauer Bus« in Deutz wurde zur Erinnerung an die NS-Euthanasieopfer des Dritten Reichs aufgestellt. Von der Schäl Sick und der KölnMesse hat man zudem immer einen einzigartigen Blick auf den Rhein und das linksrheinische Stadtpanorama.

Standort: Auenweg • **Wie kommt man hin?** Linie 3/4/S12 Deutz Bahnhof/Messe

Liebesschlösser an der Hohenzollernbrücke

Die schlechte Seite Kölns? Von wegen!

LAND & LEUTE

77. Tauche in das Stadtleben der Südstadt ein.

Besondere Stadterlebnisse gibt es bei einem Spaziergang durch die Südstadt zu entdecken. Startpunkt des Rundgangs ist die Haltestelle Severinstraße, der Zielpunkt ist die Haltestelle Ubierring läuft. Von der Haltestelle Severinstraße geht es zunächst Richtung Südwesten, entlang der kleinen Spielmannsgasse. Weiter geht es zur Straße An St. Katharinen, in der früher das St. Katharinen-Hospital und eine Kirche standen. Direkt ins Auge fällt vor allen Dingen die neobarocke Kirche St. Gregorius im Elend. Überquert man der Severinstraße, stößt man auf den Karl-Berbuer-Platz. Karl Berbuer war Bäcker, Laienschauspieler und später im Kölner Karneval sehr aktiv. Besonders bekannt ist seine Komposition »Heidewitzka, Herr Kapitän«. Dem Künstler ist auch der Narrenschiff-Brunnen auf dem Platz gewidmet. Auf dem weiteren Weg Richtung Ubierring passiert man wildromantisch überwachsene Torwege und überquert schließlich die Zufahrt zur Severinsbrücke. Weiter geht es vorbei an der Baustelle des eingestürzten Stadtarchivs, über die große Witschgasse bis zur romanischen Basilika St. Maria in Lyskirchen in der Altstadt. Am Rheinufer angelangt führt nun der Weg rechts weiter Richtung Schokoladenmuseum und entlang alter Hafengebäude bis man schließlich zu den Kranhäusern und dem Gelände der alten Agrippinawerft gelangt. An fast jedem Wochenende finden hier Veranstaltungen wie Konzerte, Literaturlesungen oder Antikmärkte statt.

Standort: zwischen Severinstraße und Ubierring • **Wie kommt man hin?** Linie 5 bis Marienburg/Südpark

78. Trainiere kostenlos mit Fitness-Profis.

SPORT

Für Lauf- und Fitnessbegeisterte gibt es in Köln jede Menge kostenlose Sportmöglichkeiten. Wer allerdings nicht nur die Fitnesswege und Laufstrecken in den zahlreichen Grünanlagen nutzen möchte, kann sich auch zu einem gemeinschaftlichen Training unter professioneller Führung einfinden. Aufgelegt hat dieses Angebot die Initiative fit.Köln. So trainiert man montags und mittwochs in der Zeit von 18.30- 19.30 Uhr beispielsweise mit dem Athletiktrainer der Rhein Stars Köln Kenneth Buwing. Seine Workouts bestehen aus einem Beweglichkeitstraining und unterschiedlichen Kraftübungen, die den Körper in Form bringen. Durchgeführt werden die Trainingseinheiten am Tanzbrunnen in Deutz. Spezielles Lauftraining wird an der Jahnwiese, direkt am

Fit werden unter freiem Himmel? In Köln kein Problem!

Rheinenergie-Stadion montags und mittwochs zur gleichen Zeit angeboten. Gecoacht werden sowohl Laufanfänger, als auch Fortgeschrittene von Head-Coach Anja Lamberty. Die Trainingseinheiten beinhalten auch ein aktives Athletik- und Beweglichkeitstraining. Einfach ausprobieren! Der Spaß kommt schnell von ganz alleine. Aus versicherungstechnischen Gründen ist eine Registrierung für das kostenlose Training auf der Internetseite von fit.Köln nötig.

Standort: am Tanzbrunnen im Rheinpark, Jahnwiese am Rheinenergie Stadion, Registrierung: www.fit-koeln.de • **Wie kommt man hin?** Tanzbrunnen – Linie 3/4 bis Deutzer Freiheit, Jahnwiese –U 1 bis Rheinenergie Stadion

BESONDERE ORTE

79. Lustwandle im historischen Schlosspark.

Im historischen Schlosspark in Stammheim trifft man auf eine einzigartige Grünanlage, doch nach einem Schloss sucht man leider vergebens. Früher stand hier ein Rokokoschloss, welches jedoch im Zweiten Weltkrieg völlig zerstört wurde. Erhalten blieb dafür der traumhafte Schlosspark, der 1830 vom Gartendirektor Maximilian Friedrich Weyhe im Stil eines englischen Landschaftsgartens gestaltet wurde. Der Park hat Natur- und Kunstfreunden einiges zu bieten. Direkt beim Betreten stößt man auf eine schöne Lindenallee, gefolgt von imposanten Baumbeständen. Bei einem Spaziergang durch den Schlosspark stößt man zudem automatisch auf zahlreiche Skulpturen. Immer zu Pfingsten

startet die neue Kunstsaison. Dabei stellen Künstler im Rahmen einer Eröffnungsfeier ihre Installationen vor, die ab diesem Zeitpunkt für ein Jahr im Park verweilen. Neben bekannten Künstlern sind auch noch unbekannte Künstler der Kölner Kunstszene mit ihren Werken vertreten. Die Ausstellung wird von der Initiative Kultur Raum Rechtsrhein (KRR) organisiert und kostet keinen Eintritt.

Standort: Stammheimer Hauptstraße • **Wie kommt man hin?** S 6 und Bus Nr. 151/152 bis Friedhof Stammheim

FREIZEIT

80. Stürz im Bermuda Dreieck ab.

Köln ist eine bunte Stadt, in der die Farbe rosa eine große Rolle spielt. Dies zeigt sich besonders im Bermuda Dreieck, wie die Gegend rund um die Schaafenstraße liebevoll bezeichnet wird. Hier ist die Kölner Gay-Community zuhause. Das Straßenfest im Bermuda Dreieck gehört dabei zu den beliebtesten Events des Jahres. In keiner anderen Stadt gibt es eine annähernd so hohe, schwul/lesbische Kneipendichte. Zu finden sind acht Bars auf einer Strecke von 150 Meter sowie Cafés, Restaurants, Saunen und Vereine. Zu den bekanntesten Locations gehören ExCorner, Exil on Main Street, IX-Bar, Ruhrpott, Mumu und Schampanja. Gefeiert wird hier auf einem ganz besonderen Niveau. Neben dem legendären Straßenfest gibt es auch einen schwulen Weihnachtsmarkt, die »Christmas Avenue«. Wer diesen besucht, erlebt einen Weihnachtsmarkt, ohne Kitsch und Tand. Es gibt Informationsstände, leckere Köstlichkeiten, Stände mit besonderem Schmuck und Accessoires sowie eine gro-

Gay Pride: Köln ist bunt. Und das ist auch gut so.

ße Bühne, wo abends Künstler auftreten. Für eine unvergleichbare Stimmung sorgen beispielsweise die Abba Cover Band » ABBA DA CAPO«, Marcella Rockefeller sowie die Kölsche Band »MILJÖ«. In jedem Jahr stehen neue Künstler auf der Bühne. Auch wenn Heteros sich etwas manchmal schwertun: Sie sind willkommen und das Straßenfest und die Christmas Avenue sind definitiv ein Besuch wert.

Standort: Schaafenstraße/Mauritiuswall, • **Internet:** www.bermudadreieck-koeln.de • **Wie kommt man hin?** Linie 1/7 bis Rudolfplatz

81. Finde Thomas Baumgärtners Banane im Belgischen Viertel.

FREIZEIT

Das belgische Viertel ist DAS Szeneviertel in Köln. Hier sind viele kreative Köpfe und Macher zu Hause. Man findet Ateliers, Galerien und Boutiquen, die vor Einfallsreichtum nur so strotzen. Es gibt Cafés, Bars, modische Boutiquen, Verlage und Agenturen, die die Einzigartigkeit des Stadtteils unterstreichen. Bei einem Spaziergang durch das Belgische Viertel begegnet man immer wieder außergewöhnlicher Kunst an Wänden und Garagentoren. Da darf die legendäre »Banane« von Thomas Baumgärtner natürlich nicht fehlen. Findest du sie?

Standort: rund um den Brüsseler Platz • **Wie kommt man hin?** Linie 4/5 bis Friesenplatz oder Linie 1 bis Molkestraße

KULTUR

82. Entdecke die Kunst am Bau in der Südstadt.

In der Südstadt stößt man als Besucher auf all die Dinge, die Köln so besonders machen. Neben einem türkischen Gemüsehändler gibt es direkt eine alteingesessene Kölner Metzgerei. Architektonisch gibt es einiges zu entdecken, da historische Gebäude, Altbauten, teilweise aus der Gründerzeit und moderne Neubauten eine ausdrucksstarke Symbiose eingehen. Zu entdecken gibt es wundervollen Jugendstilschmuck über Türeingängen, verschnörkelte Hausfassanden und einzigartige Eingangstüren mit Schnitzereien. Die alten Häuser haben fast alle einen Hinterhof, in deren Durchgängen interessante Kunstwerke zu finden sind.

Standort: rund um den Chlodwigplatz • **Wie kommt man hin?** Linie 16, Bus Nr. 132 Chlodwigplatz

FREIZEIT

83. Gehe zu einer Uni-Vorlesung.

Köln ist Universitätsstadt. Die Uni befindet sich mit ihren unterschiedlichen Fakultäten an der Universitätsstraße sowie der Zülpicher Straße und erstreckt sich darüber hinaus über unzählige Seitenstraßen. Nicht nur wissbegierige, junge Menschen sind in den Gebäuden der Universität zu finden, sondern auch Menschen, die ihr Berufsleben bereits hinter sich haben und als Gaststudent noch ein Studium absolvieren. Die Universität veranstaltet in jedem Semester zahlreiche Veranstal-

Kunst am Bau sorgt für Eis auf dem Dach

tungen und Vorträge für jedermann zu zeitlosen sowie aktuellen Themen aus der Psychologie, Medizin, Wirtschaft, Politik und vieles mehr. Die Vorlesungen finden öffentlich und kostenlos statt, sodass jeder der Zeit und Lust hat, daran teilnehmen kann.

Standort: Albertus-Magnus-Platz • **Info zu den Veranstaltungen:** www.portal.uni-koeln.de/veranstaltungen.html • **Wie kommt man hin?** Linie 16/18 Neumarkt oder Linie 1/ 9 bis Universitätsstraße

ABENTEUER

84. Erkunde die verfallene Villa Fühlingen.

Direkt in der Nähe vom Fühlinger See steht die Villa Fühlingen, ein verfallenes Gutshaus, in dem Geister spuken sollen. Dieser einzigartige Lost Place befand sich einst im Besitz der bedeutenden Kölner Familie (von) Oppenheim. Der Bankier Eduard Freiherr von Oppenheim kaufte 1884 das Land und errichtete die Villa sowie eine Pferderennbahn, die zu Übungszwecken genutzt werden sollte. Heute steht nur noch die Ruine des alten Herrenhauses. Das Gebäude verfügt über eine wechselhafte Geschichte von blutigen Gemetzeln bis hin zu rätselhaften Selbstmorden. So gibt es drei bekannte Todesfälle, die sich in der Villa Fühlingen zugetragen haben sollen. Der Besuch des alten Herrenhauses ist nichts für schwache Nerven und erzeugt garantiert eine Gänsehaut, vor allem, wenn man sich auf einen nächtlichen Ausflug dorthin begibt.

Berühmtes Geisterhaus: die Villa Fühlingen

Standort: Neusser Landstraße 5a • **Wie kommt man hin?** Straßenbahnlinie 12/15 Wilhelm-Sollmann-Str., Bus 122 bis Seeberg

85. Berühre die Knollennase von Tünnes.

LAND & LEUTE

Die schmalen, engen Gassen und versteckten Plätze in der Kölner Altstadt haben so einige interessante Geschichten zu erzählen. Abseits des Heumarkts und Alter Markts findet man zum Beispiel bekannte Kölner Persönlichkeiten in Bronze gegossen. Sie sitzen oder stehen und beobachten das bunte Treiben. Tünnes und Schäl, zwei legendäre Figuren aus dem Puppentheater Hänneschen, haben ganz besondere Charaktereigenschaften, die schon ihre Namen verraten. Tünnes, die rheinische Form von Antonius, ein rustikaler Typ mit Knollennase und friedlichem Gemüt verfügt über eine gewisse Bauernschläue. Der Name von Schäl bezieht sich auf das Schielen der Protagonisten und bedeutet so viel wie falsch oder schlecht und ist doppeldeutig zu verstehen. Die beiden Figuren vereinen viele Eigenarten der Kölner und gelten daher als Originale der Stadt. Das Berühren der Knollennase von Tünnes soll übrigens Glück bringen.

Glücksbringer: die Knollennase von Tünnes

Standort: Kölner Altstadt • **Wie kommt man hin?** Linie 5 bis Alter Markt/Rathaus

BESONDERE ORTE

86. Streife durch die Gewölbe des Zwischenwerks.

Das Niemandsland in Köln ist ein Ort, der zwischen den wichtigen Verkehrsadern Rodenkirchener Autobahnbrücke, Rheinuferstraße und Militärring liegt. An diesem Ort steht einsam und teilweise überwuchert der südliche Abschluss des ehemaligen äußeren Festungsgürtels, das Zwischenwerk VIII B. Der Militärring, nach dem auch die Straße benannt wurde, war ein massives Bollwerk aus steinernen Bastionen, Forts und Lünetten, die gemäß des Versailler Vertrags 1926 geschleift werden mussten. Nicht alles wurde abgerissen und dem Erdboden gleich gemacht. So blieb auch das Zwischenwerk VII B bestehen, das heute als Kölner Festungsmuseum genutzt wird. Bei einem Besuch durchläuft man zahllose kleinere und größere Gewölbe, in denen historische Abbildungen von Alltags- und Militärgerätschaften ausgestellt sind. Zurück in die Gegenwart gelangt man in einen Skulpturenpark, der sich in der umlaufenden Grabenanlage befindet und 1985 installiert wurde. Ausgestellt sind ausschließlich Exponate aus Beton, Erde und Stahl. Sehr eindrucksvoll ist etwa die Installation von Jochen Heufelder: eine 16 Meter lange Wand, bestehend aus 2,70 Meter hohen Stahlplatten, die vor sich hin rosten.

Standort: Militärringstraße 10 • **Öffnungszeiten:** erster Samstag und dritter Sonntag im Monat von 12-18 Uhr • **Wie kommt man hin?** Linie 16 bis Heinrich-Lübke-Ufer

Kultur

87. Erlebe Jazz im Stadtgarten.

Der Stadtgarten ist der erste neuzeitliche Landschaftspark Kölns und liegt in der nordöstlichen Neustadt. Die Parkfläche steht unter Landschaftsschutz, die Gebäude unter Denkmalschutz. Im gleichnamigen Restaurant mit schön angelegtem Biergarten finden immer wieder wechselnde Veranstaltungen statt. Das Konzerthaus der Initiative Kölner Jazz Haus e.V. liegt direkt an der Venloer Straße. Im Jahr 1986 entstand die Initiative aus der Idee eines jazzbegeisterten Musikstudenten der Kölner Musikhochschule. Im Gebäude gibt es einen Konzertsaal, das Studio 672, einen Live-Club, das Restaurant mit einem Biergarten und einem Musikpavillon. Im Jahr werden über 400 Veranstaltungen mit einer großen kulturellen Bandbreite abgehalten. Zeitgenössische Literatur und Diskussionsrunden ergänzen das bunte Programm. Musikalisch gibt es zwei Schwerpunkte, Jazz und neue Improvisationsmusik. Darüber hinaus ist der Stadtgarten auch Spielstätte der Musik Triennale Köln. Immer wieder finden kostenlose Veranstaltungen, deren Besuch lohnt. Doch auch ansonsten sind die Ticketpreise meist bezahlbar. In der Vorweihnachtszeit wird das Gelände des Stadtgartens rund um das Konzerthaus für einen besonderen Weihnachtsmarkt genutzt. In hübschen Holzbuden sind nur Kunsthandwerk, Hand-

Kostenlose Jazzkonzerte im Stadtgarten

werk, Schneiderkunst und besondere Köstlichkeiten zu finden. Im Wochenrhythmus wechseln in den Verkaufsbuden die Händler, wodurch immer wieder ein anderes Angebot bereitsteht.

Standort: Venloer Str. 40 • **Info:** www.stadtgarten.de • **Wie kommt man hin?** RB 26 Bahnhof Köln West, Linie 5 Venloer Straße/Stadtgarten

88. Skate am Kap 686 im Rheinauhafen.

SPORT

Das Kap 686 am Agrippinaufer ist ein besonderer Treffpunkt, um sich mit anderen auf dem Skateboard zu messen oder den coolen Mädchen und Jungs einfach nur bei ihren Tricks zuzuschauen. In unmittelbarer Nähe zum Rhein und zur Südbrücke befindet sich eine

Skaten: der lässigste Sport der Welt

2.000 Quadratmeter große Anlage, die mit großformatigen Bodenplatten ausgelegt ist, die dafür sorgen, dass die Bretter gut rollen. Der Skatepark bietet Attraktionen wie Pier 7 und Parallel Manual Pads, Curbs, Cina Banks, Low 2 Highs sowie die berühmte Beer Banks aus Barcelona, die zahlreiche Könner auf dem Brett anlocken. Immer wieder kann man auch verschiedene Wettbewerbe auf der tollen Anlage erleben. Das Vergnügen dauert oft bis spät in die Nacht an, da der Platz beleuchtet ist.

Standort: Agrippinaufer • **Wie kommt man hin?** Linie 16 bis Ubierring oder Bus 132 bis Chlodwigplatz

89. Verträume den Tag auf der Rheininsel Groov.

FREIZEIT

Wer kleine, verträumte Fleckchen Landschaft liebt, wird die Groov in Zündorf sofort ins Herz schließen. Über einen Steg gelangt man auf die Rheininsel Groov, auf der man herrlich picknicken und auf den Rhein schauen kann. Der Rheinarm wird vom Hauptstrom durch eine Kiesbank getrennt. Er bildet einen natürlichen Hafen, der bis Mitte des 18. Jahrhunderts genutzt wurde. Heute befindet sich hier ein kleiner ausgebauter Hafen für Segelschiffe und Yachten. Es gibt auch einen Strand mit feinem Sand und hohen Bäume, die Schatten spenden. Bei einem Spaziergang über die Insel stößt man auf Relikte vergangener Zeiten. In einem mittelalterlichen Wehrturm ist heute ein kleines Heimatmuseum ansässig. Die Groov wird auch immer

Abendstimmung auf der Rheininsel Groov

wieder für Veranstaltungen genutzt. So findet jährlich das Stadtfest mit Trödelmarkt und Livemusik auf der Insel statt.

Standort: Zündorf über die Uferstraße • **Wie kommt man hin?** Linie 7 bis Köln-Zündorf

FREIZEIT

90. Feiere in der »Krawallbud«.

Das Blue Shell in der Luxemburger Straße ist eine kultige Institution des Kölner Nachtlebens. Die Musikkneipe blickt auf eine lange Geschichte zurück. Spricht man einen älteren Taxifahrer in Köln auf das Blue Shell an, wird er wohl nur von der »Krawallbud« sprechen. Die Location sorgte in den 80er Jahren immer wieder für Aufsehen, da es oft Stress unter Punkern, Rockern und den »Teddy-Boys« gab. Über die Jahre hinweg entwickelte sich das Blue Shell von der Provokation zur Institution. Doch das Publikum hielt dem Laden die Treue. Viele bekannte Persönlichkeiten aus dem Musikbusiness gaben und geben sich hier auch heute noch die Klinke in die Hand. Neben Flipperturnieren und Szene-Partys gibt es auch immer wieder tolle Konzerte im Shell, bei denen Stars wie Blur oder The Black Crowes, genauso wie auch Newcomer auf der Bühne stehen. Die blaue Muschel auf der Luxemburger Straße hat bis heute jeden Tag geöffnet. Als Freund von klassischen Spielen und cooler Musik ist man hier genau richtig.

Standort: Luxemburger Str. 32 • **Wie kommt man hin?** Linie 16/18 bis Barbarossaplatz

91. Lache im Komischen Club.

KULTUR

Das Set-Up könnte nicht einfacher sein: sechs bis acht Comedy-Newcomer bekommen jeweils sieben Minuten lang Zeit, das Publikum mit ihrem Stand Up-Programm zu überzeugen. Präsentiert wird das Ganze von Lena Kupke und Christin Jugsch, die in Köln keine Unbekannten sind. Der Komische Club findet an jedem 2. und 4. Mittwoch im Monat in der De.Lite-Bar in der Moltkestraße statt. Der Eintritt ist frei. Um Spenden wird gebeten.

Standort: De-Lite, Moltkestr. 74 • **Info und Termine:** www.facebook.com/KomischerKlub • **Wie kommt man hin?** S 13 bis Lövenich

92. Schau, was am Tanzbrunnen los ist.

FREIZEIT

Wenn man mal absolut nicht weiß, was man in Köln unternehmen will, sollte man einfach zum Tanzbrunnen in den Rheinpark gehen. Dort erwartet einen dann der Fischmarkt, der Blumen- und Gartenmarkt, die Besucher des Amphi-Festivals in Gothic-Gewändern, Konzerte, die Weiberfastnacht, Theater und und und. Auf dem Festivalgelände wechseln sich regelmäßig kostenpflichtige und kostenlose Veranstaltungen ab, bei denen die Langeweile im Nu verfliegt.

Standort: Rheinparkweg 1 • **Wie kommt man hin?** Linie 1/9 und S12/16 bis Messe Deutz

Die Zentralmoschee in Köln-Ehrenfeld

BESONDERE ORTE

93. Besichtige die Zentralmoschee.

In Ehrenfeld in der Venloer Straße befindet sich die Zentralmoschee des DTIP, der Türkisch Islamischen Union der Anstalt für Religion e.V.. Noch immer ist der Bau nicht ganz fertiggestellt und daher auch nicht in allen Teilen zu besichtigen, doch schon jetzt ist das Gebäude ein eindrucksvolles Zeugnis moderner Sakralarchitektur. Wer die Gelegenheit hat, sollte an einer Führung teilnehmen, um auch das luftige Innere der Moschee in Augenschein zu nehmen. Die Führungen sollten allerdings lange im Voraus geplant werden. Zudem wird eine Spende erwartet. Besser man legt einen Besuch auf den Tag der offenen Moschee im Oktober.

Standort: Venloer Str. 160 • **Info:** www.zentralmoschee-koeln.de • **Wie kommt man hin?** Linie 3/4 bis Piusstraße

94. Erlebe Musik-Newcomer im scheuen Reh.

FREIZEIT

Die Musikkneipe Zum scheuen Reh bietet ein abwechslungsreiches Programm. Hier finden – meist im großen Biergarten – Kunstaktionen, Konzerte oder Lesungen statt. Es wird gechillt, getanzt oder Fußball geschaut. Zu den beliebtesten Veranstaltungsreihen gehört dabei der »Monday Live«. Ab ca. 20.30 Uhr treten dann wechselnde, meist lokale Bands im scheuen Reh auf. Geboten wird vor allem guter Indie-Pop oder -Rock.

Standort: Hans-Böckler-Platz 2 • **Info:** https://www.facebook.com/rehmondaylive • **Wie kommt man hin?** Linie 3/4/5 bis Hans-Böckler-Platz

95. Gedenke der Edelweißpiraten.

BESONDERE ORTE

Die Edelweißpiraten waren eine Jugendgruppe, die mit Flugblattaktionen, vor allem aber durch Verweigerung und nonkonformes Verhalten ihre Missbilligung des Nationalsozialismus zum Ausdruck brachten. Eine Gruppe der Edelweißpiraten war auch in Köln aktiv. Im Morgengrauen des 10. November 1944 wurden in Köln-Ehrenfeld, in der Nähe der Katakomben des

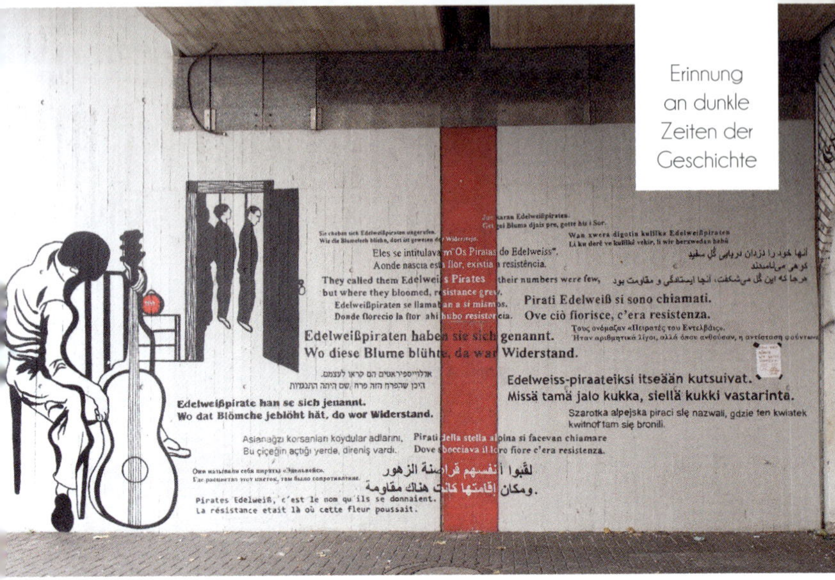

Erinnung an dunkle Zeiten der Geschichte

Bahnhofes, einige Mitglieder der Gruppe öffentlich hingerichtet. Heute befindet sich an dieser Stelle ein eindrucksvolles Graffiti, das in zahlreichen Sprachen das Gedenken an den Widerstand der Jugendlichen wachhält und an Tage der deutschen Geschichte erinnert, die sich hoffentlich nie wiederholen werden.

Standort: Bahnhof Ehrenfeld, Schönsteinstraße/Ecke Bartholomäus-Schink-Straße • **Wie kommt man hin?** Linie 5 bis Liebigstraße

KULTUR

96. Finde durch Kunst zu Gott.

St. Michael am Brüsseler Platz ist die drittgrößte Kirche Kölns. Im Rahmen des Projektes »Art und Amen« öffnet sich die Kirche jedoch auch in unregelmäßigen

Abständen der Kunst. Ziel des Projektes ist, das reiche kulturelle Leben des Belgischen Viertels abzubilden. Das kann in Form von Konzerten, Modenschauen oder Ausstellungen geschehen. Gleichzeitig wollen die Macher aber auch die Kunsterfahrung mit der Spiritualität des Kirchenraums vereinen. Spannend!

Standort: Brüsseler Platz 1 • **Info:** www.artundamen.de • **Wie kommt man hin?** Linie 5 bis Friesenplatz

Kunstvolle Altargestaltung in der Lutherkirche

KULTUR

97. Erlebe improvisiertes Theater im Walzwerk.

Improvisationstheater gehört zu den spannendsten Theaterformen. Im Theater im Walzwerk hat man einmal im Monet nicht nur die Gelegenheit das Spiel der Akteure mit seinen Vorgaben zu beeinflussen, sondern sogar selbst auf der Bühne zu stehen und sein Improvisationstalent unter Beweis zu stellen. Die Sessions finden mittlerweile seit 4 Jahren im Theater im Walzwerk statt. Der Eintritt ist frei.

Standort: Rommerskirchener Str. 21/Atelier 10, 50259 Pulheim • **Info und Termine:** www.theaterimwalzwerk.de • **Wie kommt man hin?** RE 8 bis Puhlheim

LAND & LEUTE

98. Lerne und lebe das Kölsche Grundgesetz.

Die Kölner sind ein eigenwilliger Menschenschlag. Lebensfroh und – wie man neumodisch sagen würde – resilient. Nichts spiegelt die Kölner Mentalität wieder als das heimliche Grundgesetzt der Stadt, das aus Lehrsätzen besteht, die man an jedem Tag in der Rheinmetropole zu hören bekommt. Die wichtigsten lauten: 1. Et es wie et es. 2. Et kütt, wie et kütt. 3. Et hätt noch immer jot jejange. 4. Drinkste ene met? Was auf Außenstehende recht banal wirken mag, ist in Wirklichkeit eine über Jahrhunderte erprobte Glücksformel, die den Kölner alles ertragen lässt, was das Leben so an An- und Unannehmlichkeiten für ihn bereithält. Einfach mal ausprobieren!

NUR LIVE: Das vielleicht coolste Festival der Stadt

99. Sei beim Nur live-Festival dabei.

KULTUR

Es passiert selten, aber manchmal ist lösen Veranstalter ihre Versprechen tatsächlich ein: »Nichts aus der Dose – Alles selfmade – Alles homegrown – Alles wunderbar – NUR LIVE! Ein Festival von Künstlern für Künstler.« So heißt es auf der Homepage des Nur Live-Festivals, das immer im Sommer in der Deutschen Sporthochschule in Köln stattfindet – hoffentlich auch 2018 und darüber hinaus. Im Rahmen des Festivals tritt ein gutes Dutzend Bands auf zwei Bühnen auf. Auf dem Festivalgelände gibt es zudem Ausstellungen, Sofas im Grünen zum Chillen, Slacklines und jede Menge Glück im Bauch. Normalerweise steigt das Festival am ersten Samstag nach Beginn des Winter-Semesters in NRW.

Standort: Am Sportpark Müngersdorf 6 • **Info und Termine:** www.spielraum-smt.de • **Wie kommt man hin?** Linie 1 bis Junkersdorf

KULTUR

100. Schaue Filmklassiker in der Kulturkirche Ost.

Die Kulturkirche Ost in Buchforst ist nicht zu verwechseln mit der der Lutherkirche in Nippes, die sich bei Konzerten, Comedy-Abenden oder Lesungen ebenfalls in eine Kulturkirche verwandelt. Neben dem Philosophischen Café – einer spannenden Diskussionsrunde

Großartige Filmklassiker in der Kulturkirche Ost

– und wechselnden Ausstellungen werden in der Kulturkirche Ost im Rahmen der Reihe Vorstadtkino auch kostenlos Filmklassiker und Arthouse-Filme gezeigt. Darunter finden sich Werke von Wim Wenders, Pier Paolo Pasolini aber auch neuere Filme wie »Life of Pi«.

Standort: Kopernikusstr. 32/34 • **Info und Termine:** www.kulturkirche-ost.de/termin • **Wie kommt man hin?** Linie 3 bis Waldecker Straße

101. Werde Schnick Schnack Schnuck-Weltmeister

ABENTEUER

Jeder kennt das Spiel »Schere, Stein, Papier«. In Köln wird seit nunmehr acht Jahren unter dem Motto »Schnick, Schnack, Schluck« in verschiedenen Kneipen eine Weltcup-Serie ausgespielt, an der jeder teilnehmen und zum Weltmeister werden kann. Zudem kann mit Spielgeld auf den Ausgang der Partien gewettet werden. Begleitet werden die Spieler von Mentalcoaches. Gespielt wird im Modus Best-of-5. Im Halbfinale muss man mindestens vier Runden für sich entscheiden, bevor es im Finale schließlich zur epischen Schlacht im Best-of-9-Modus kommt. Die Abende sind ein Riesenspaß, auch nur zum Zuschauen. Um Weltmeister zu werden, muss man lediglich auf den jährlichen Turnieren die meisten Punkte aller Spieler gesammelt haben.

Standort: wechselnde Locations • **Info und Termine:** www.gaffel.de in der Rubrik Unterhaltung

Bildverzeichnis

S. 12/14/19/21/23/28/29/45/46/47/48/50/52/53/57/77/78/85/105/125 unten/107/117/132/138 www.pixabay.de (CC 0), S. 13 © HOWI - Horsch, Willy; Wikimedia Commons (CC-BY-SA 3.0), S. 17 © Superbass, Wikimedia Commons (CC-BY-SA 4.0), S. 18 © Superbass, Wikimedia Commons (CC-BY-SA 4.0), S. 25 © Elke Wetzig; Wikimedia Commons (CC-BY-SA 3.0), S. 27 © dronepicr; Wikimedia Commons (CC-BY-SA 2.0), S. 31 © HOWI - Horsch, Willy; Wikimedia Commons (CC-BY-SA 3.0), S. 34 © Mediatus, Willy; Wikimedia Commons (CC-BY-SA 3.0), S. 36 © Superbass, Wikimedia Commons (CC-BY-SA 4.0), S. 38 © Raimond Spekking; via Wikimedia Commons (CC BY-SA 4.0), S. 40 © HOWI - Horsch, Willy; Wikimedia Commons (CC-BY-SA 3.0), S. 44 © Raimond Spekking; via Wikimedia Commons (CC BY-SA 4.0), S. 49 © Raimond Spekking; via Wikimedia Commons (CC BY-SA 4.0), S. 51 © HOWI - Horsch, Willy; Wikimedia Commons (CC-BY-SA 3.0), S. 55 © Frank Vincentz; Wikimedia Commons (CC-BY-SA-3.0), S. 61 © Geolina163; Wikimedia Commons (CC BY-SA 4.0), S. 63 Wikimedia Commons (CC 0), S. 66 © Arabsalam; Wikimedia Commons (CC BY-SA 4.0), S. 68 © Quantensprung; Wikimedia Commons (CC-BY-SA-3.0), S. 72 © 1971markus; Wikimedia Commons (CC-BY-SA-4.0), S. 74 © Raimond Spekking; via Wikimedia Commons (CC BY-SA 4.0), S. 75 © Hans Peter Schaefer; via Wikimedia Commons (CC BY-SA 3.0), (CC 0), S. 82 © KlarTextCGN; via Wikimedia Commons (CC BY-SA 3.0), S. 89 www.pxhere.com (CC 0), S. 92 © Raimond Spekking; via Wikimedia Commons (CC BY-SA 4.0), S. 94 © Karludo; via Wikimedia Commons (CC BY-SA 4.0), S. 95 © Mine2007; via Wikimedia Commons (CC BY-SA 4.0), S. 97 © Raimond Spekking; via Wikimedia Commons (CC BY-SA 4.0), S. 98 © Christoph Rückert; via Wikimedia Commons (CC BY-SA 3.0), S. 102 © HOWI - Horsch, Willy; Wikimedia Commons (CC-BY-SA 3.0), S. 103 © Duhon, Willy; Wikimedia Commons (CC-BY-SA-3 0), S. 105 oben © Superbass, Wikimedia Commons (CC-BY-SA 4.0), S. 109 www.pxhere.com (CC 0), S. 111 © HOWI - Horsch, Willy; Wikimedia Commons (CC-BY-SA 3.0), S. 112 www.peakpx.com (CC 0), S. 114 www.pxhere.com (CC 0), S. 115 © HOWI - Horsch, Willy; Wikimedia Commons (CC-BY-SA 3.0), S. 119 www.pxhere.com (CC 0), S. 121 © HOWI - Horsch, Willy; Wikimedia Commons (CC-BY-SA 3.0), S. 122 © CEphoto, Uwe Aranas; via Wikimedia Commons, S. 127 © Mtesser; Willy; Wikimedia Commons (CC-BY-SA 3.0), S. 128 © ABrocke; Willy; Wikimedia Commons (CC-BY-SA 3.0), S. 131 © Hpschaefer www.reserv-art.de; Wikimedia Commons (CC-BY-SA 3.0), S. 133 © Heikekl, Wikimedia Commons (CC-BY-SA 4.0), S. 136 © Raimond Spekking; via Wikimedia Commons (CC BY-SA 4.0), S. 139 © Andreasdz, Wikimedia Commons (CC-BY-SA 3.0), S. 141 unbekannt; via Wikimedia Commons